ALÉM DA PORTA

Amor ao secreto

WANUZIA MARCKS

Além da Porta, Amor ao Secreto
1ª edição: 2020
Wanuzia Marcks

Edição e Revisão Final: Grace Lagares
Coordenação Editorial: Nilce Sousa
Capa: Jonatas Santos
Diagramação e Projeto Gráfico: Marcus V. P. de A. Goes
Tradução para o Inglês: Bianca Alves

Publicado no Brasil por: Cevi Produções
CNPJ 07.856.521/0001-94
Caldas Novas, Goiás, Brasil
ceviproducoes@gmail.com
Instagram: @editoracevi

V235a Vanderley, Wanuzia Marcks Marinho
    Além da porta, amor ao secreto = Beyond the door, a lovely secret
dwelling place / Wanuzia Marcks; edição e revisão final: Grace Lagares,
coordenação editorial: Nilce Sousa; tradução para o inglês: Bianca E.
Menezes Alves. – 1. ed. – Caldas Novas-GO : CEVI, 2020.
    88 p. ; 21 cm

    Inclui bibliografia
    ISBN: 978-65-5642-018-9

    1. Desenvolvimento humano e espiritual. 2. Relacionamento com
Deus. 3. Amor. 4. Oração. 5. Vida cristã. I. Sousa, Nilce.
    II. Título: Beyond the door : a lovely secret dwelling place.

                                                        CDU: 248

Catalogação na publicação por: Onélia Silva Guimarães CRB-14/071

Contatos da Autora:
Facebook: Miss Wanuzia Marcks
YouTube: Wanuzia Marcks
Instagram: @wanuziamarcks
E-mail: mkwanuzia@gmail.com

Sobre a autora

Wanuzia Marcks Marinho Vanderley nasceu na cidade de Wanderlândia-TO, formou-se em Teologia e é idealizadora do Projeto GIMM - Grupo de Intercessão Missões Mundiais. Como ministra do Evangelho, ela tem dedicado sua vida a proclamar a mensagem do Reino em diversos estados do Brasil, nos Estados Unidos, em alguns países da Europa, África, América do Sul, e em todos os lugares que Deus a permite chegar.

"As certezas e convicções que alimentam o nosso espírito fluem diretamente da presença do Senhor."

Wanuzia Marcks

Agradecimentos

Toda minha mais profunda gratidão exclusivamente ao meu Amado Senhor e Salvador Jesus Cristo, por intermédio do qual me tornei filha do Deus Pai.

"Porque dele e por ele, e para ele, são todas as coisas; glória, pois, a ele eternamente. Amém."

Romanos 11.36

Sumário

Introdução

Muitos já conhecem esta passagem bíblica: *"Andou Enoque com Deus e já não era, porque Deus o tomou para si"* (Gênesis 5.24). É comum ficarmos deslumbrados com esse breve relato que provoca em nós o interesse por saber mais profundamente a respeito de como isso, de fato, aconteceu.

Que rico percurso Enoque percorreu aqui na Terra e quantos tesouros foram ocultados de nós por um propósito que ainda não sabemos. Certamente, os detalhes desse dia a dia seriam inspiradores e, quem sabe, nos dariam força e motivação para, assim como ele, criarmos novas condutas que nos conduziriam ao prazer de andar diariamente em intimidade com Deus.

Talvez, Enoque não tenha encontrado um ponto de referência no seu tempo que pudesse motivá-lo a ter esse nível de relacionamento com o Criador. Quem sabe, sua amizade intensa e profunda se deu após contemplar as grandezas do Senhor, as quais podem tê-lo feito avançar gradativamente nos níveis dessa relação, descrita pela Palavra como andar com Deus, o que certamente o fez colocar esse anseio acima de qualquer outro relacionamento.

Em suma, o amor do Senhor nos constrange e nos conduz a amá-lo. Esse amor, pelo qual somos alcançados, nos envolve e move-nos a termos mais intimidade com Ele, a fim de usufruirmos da Sua presença, que nos proporciona uma paz inigualável e uma alegria indescritível.

Não sentimos falta de nada, independente do contexto em que estamos inseridos, mas somos completamente curados e preenchidos. Esse amor transcende o nosso íntimo de forma intensa e ampla, até se tornar notório em nós diante de todos os homens.

O abundante e poderoso amor de Deus, ao transbordar em nós, intensifica também a nossa sede por mais da presença Dele, pois, vivenciamos nesse relacionamento um nível tão profundo de intimidade que a nada se compara.

Particularmente, após ler sobre tantas pessoas que refletiram, em meio a sua geração, o verdadeiro testemunho do Senhor, por meio de mensagens poderosas que pregavam, bem como pelos frutos manifestos em suas próprias vidas, me vi incapaz de ser usada pelo Senhor ou de ter um relacionamento mais próximo com Ele.

Contudo, percebi que há, e sempre houve em mim, um grande anseio, não apenas por levar Sua mensagem, mas, por vivenciar esse amor inexplicável e, acima de tudo, ser conduzida ao Lugar Secreto – o melhor de todos os lugares, o qual eu desejo com todas as minhas forças.

A minha busca pela plenitude no secreto com Deus tem sido contínua e intensa, o que considero ser uma resposta ao chamado que Ele me fez à oração. Creio que o Senhor é o maior interessado por esse secreto, esse tempo, esse lugar, sendo que a nossa entrega é o que nos vai conduzir às riquezas do Reino.

Ele tem tanto a compartilhar conosco e, ao se revelar, nos faz entender o quão suficiente é a Sua presença, que transpõe e extingue todas as outras necessidades humanas, qualquer uma, por maior que seja, além de gerar abundantes e indescritíveis frutos consequentes desse incrível relacionamento com Ele.

O anseio do coração de Deus

O Senhor Jesus está sempre cercando o homem de todos os lados, chamando sua atenção e desejando se comunicar com ele. Infelizmente, nem todos correspondem a esse chamado; alguns, por julgarem necessário ter força, ou um perfil que preencha um parâmetro específico para estar diante Dele, ou ainda, por não se sentirem dignos de se colocar em Sua presença. Por isso, preferem ignorar o convite de honra do próprio Deus.

Outros, até buscam forças, mas não perseveram e acabam desistindo pelo caminho. Assim, privam-se de viver riquezas secretas e, em contrapartida, optam por possíveis "intermediários", e se mantêm a uma distância significativa desse lugar exclusivo com o Senhor, a ponto de se tornarem extremamente fragilizados, pois são afetados direta e continuamente por circunstâncias adversas e pelas intempéries da vida. Em alguns casos, são aprisionados emocionalmente e se conformam em viver aquilo que não é o projeto desenhado por Deus para suas vidas.

Projeto esse que o Senhor revela no secreto e torna apto para alcançá-lo o que se separa com Ele. Mas, quando a sede de conhecer a Deus invade a vida de uma pessoa, ela é tomada por um intenso desejo de buscá-lo. O Senhor, por sua vez, se dispõe a revelar-se ao sedento. Esse anseio cresce à medida que sentimos o quanto Ele estava previamente pronto a se manifestar a nós e nos envolver no Seu perdão, na Sua glória e na imensidão da Sua graça.

Ele sabe que, apesar de andarmos errantes por aí (ainda que, na maioria das vezes, sem ter a ciência do nosso estado espiritual), buscando tantas coisas, traçando metas, almejando sonhos, galgando degraus mais altos, visionando projetos futuros humanamente triunfais e coisas semelhantes a essas, o que realmente necessitamos é Dele. Relacionar-se com Ele trará à tona os recursos da eternidade que estão ofuscados por alvos terrenos que, por vezes, encantam nossos olhos e corações.

> *Mas, como está escrito: Nem olhos viram, nem ouvidos ouviram, nem jamais penetrou em coração humano o que Deus tem preparado para aqueles que o amam. Mas Deus no-lo revelou pelo Espírito; porque o Espírito a todas as coisas perscruta, até mesmo as profundezas de Deus. Porque qual dos homens sabe as coisas do homem, senão o seu próprio espírito, que nele está? Assim, também*

as coisas de Deus, ninguém as conhece, senão o Espírito de Deus. Ora, nós não temos recebido o espírito do mundo, e sim o Espírito que vem de Deus, para que conheçamos o que por Deus nos foi dado gratuitamente.

I Coríntios 2.9-12

Estar perto de Deus fará com que a fonte inesgotável que flui Dele jorre sobre nós, como correntes de águas que nunca secam e nunca param de correr. O Pai da Eternidade irá nos lembrar, constantemente, que sempre há algo mais, e é sempre algo novo que, obviamente você ainda não experimentou e nem vivenciou. Ao receber essa informação no seu espírito, você almejará estar sempre ali, numa expectativa de receber mais de Deus e, consequentemente, isso estará em primeiro lugar na sua vida.

O Deus que se revela anseia trazer ao nosso entendimento, de modo evidente, que tudo está Nele. Ao entendermos isso, iremos usufruir sobrenaturalmente das insondáveis riquezas eternas, dia após dia, de novidade em novidade e de glória em glória, conforme está escrito:

Ó profundidade da riqueza, tanto da sabedoria como do conhecimento de Deus! Quão insondáveis são os seus juízos, e quão inescrutáveis, os seus caminhos! Quem, pois, conheceu a mente do Senhor? Ou quem foi o seu conselhei-

> *ro? Ou quem primeiro deu a ele para que lhe venha a ser restituído? Porque dele, e por meio dele, e para ele são todas as coisas. A ele, pois, a glória eternamente. Amém!*
>
> *Romanos 11.33-36*

E ainda,

> *O mistério que estivera oculto dos séculos e das gerações; agora, todavia, se manifestou aos seus santos; aos quais Deus quis dar a conhecer qual seja a riqueza da glória deste mistério entre os gentios, isto é, Cristo em vós, a esperança da glória.*
>
> *Colossenses 1.26-27*

Inevitavelmente, haverá em nós algumas mudanças repentinas de comportamento e isso acontecerá naturalmente, tendo em vista que começaremos a perdoar mais, a amar intensamente a Palavra de Deus, a discernir revelações profundas do amor e perdão Dele, a alinhar nossa vida em conformidade com as Escrituras, enfim, vamos adotar espontaneamente posturas que agradam a Deus em todos os âmbitos do nosso ser.

Quando os nossos dias forem enriquecidos pelo "a sós" com Deus, Ele nos levará a Sua dimensão sobrenatural, no intuito de nos fazer enxergar como Ele, a sentir o que Ele sente, a agir como Ele age. O Senhor almeja ampliar nossa visão espiritual, até que conheçamos as profundidades das riquezas eternas que Ele nos fez herdar e que, às vezes, trocamos por coisas transitórias, as quais não possuem nenhum valor diante Dele.

Ele quer, no secreto, nos ensinar e nos guiar pelo caminho até alcançarmos a plenitude das Suas promessas; Ele deseja nos firmar na Sua Palavra, para que nossas renúncias se tornem leves e a obediência se transforme em grande alegria. Ao nos apegarmos ao hábito de priorizá-lo, nossa vida irá refleti-lo e as pessoas que nos cercam serão contagiadas pelo que carregamos em nossa essência.

Relacionamento frutífero

A Bíblia nos relata sobre o fruto do Espírito Santo que é manifesto na vida daqueles que vivem e andam conforme o caráter de Cristo.

> *Mas o fruto do Espírito é: amor, alegria, paz, longanimidade, benignidade, bondade, fidelidade, mansidão, domínio próprio.*

> *Gálatas 5.22-23*

Viver e andar no Espírito implica o ato de perseverar, sendo que, somente o relacionamento com Deus nos ajudará a manter nossa identidade em Cristo, conforme nos revela a própria Palavra:

> *Mas, a todos quantos o receberam, deu-lhes o poder de serem feitos filhos de Deus, aos que crêem no seu nome; os quais não nasceram do sangue, nem da*

> *vontade da carne, nem da vontade do homem, mas de Deus.*

> *João 1.12-13*

> *Ora, vós sois corpo de Cristo; e, individualmente, membros desse corpo.*

> *I Coríntios 12.27*

> *Vós, porém, sois raça eleita, sacerdócio real, nação santa, povo de propriedade exclusiva de Deus, a fim de proclamardes as virtudes daquele que vos chamou das trevas para a sua maravilhosa luz; vós, sim, que, antes, não éreis povo, mas, agora, sois povo de Deus, que não tínheis alcançado misericórdia, mas, agora, alcançastes misericórdia.*

> *I Pedro 2.9-10*

Existe uma batalha espiritual que tenta nos impedir, a todo custo, de ter esse relacionamento com o Espírito de Deus, por isso, não podemos em hipótese alguma ignorá-la.

> *Amados, peço-vos, como a peregrinos e forasteiros, que vos abstenhais das concupiscências carnais, que combatem contra a alma.*

> *I Pedro 2.11*

A Palavra nos diz a respeito dessa batalha e destaca que a carne milita contra o espírito e o espírito milita contra a carne:

> *Digo, porém: andai no Espírito e jamais satisfareis à concupiscência da carne. Porque a carne milita contra o Espírito, e o Espírito, contra a carne, porque são opostos entre si; para que não façais o que, porventura, seja do vosso querer.*

> *Gálatas 5.16-17*

Ou seja, somos instruídos a viver no espírito para não cumprirmos a vontade da carne. Assim, o Senhor produzirá em nós as obras de salvação, conforme está escrito:

> *Fomos, pois, sepultados com ele na morte pelo batismo; para que, como Cristo foi ressuscitado dentre os mortos pela glória do Pai, assim também andemos nós em novidade de vida. Porque, se fomos unidos com ele na semelhança da sua morte, certamente, o seremos também na semelhança da sua ressurreição, sabendo isto: que foi crucificado com ele o nosso velho homem, para que o corpo do pecado seja destruído, e não sirvamos o pecado como escravos.*

> *Romanos 6.4-6*

> *E ele morreu por todos, para que os que vivem não vivam mais para si mesmos, mas para aquele que por eles morreu e ressuscitou.*
>
> *II Coríntios 5.15*

> *E, assim, se alguém está em Cristo, é nova criatura; as coisas antigas já passaram; eis que se fizeram novas.*
>
> *II Coríntios 5.17*

O Senhor deseja, não só que cumpramos a Sua vontade, mas que perseveremos nela. E, certamente, seremos bem-sucedidos à medida que nos separarmos de forma intensa para Ele, pois, é inevitável e impossível escolher esse nível de entrega e não ser conduzido ao centro do Seu propósito, onde o nosso caráter será continuamente moldado para agirmos conforme aquilo que Espírito Santo anseia mover e capacitar.

Isso nos proporcionará resistência, ou seja, não cederemos às vontades da carne. Aquela força que antes não encontrávamos para nos dedicar a essa busca, será gerada em nós pelo próprio Deus no decorrer do relacionamento, de sorte que, mesmo com limitações, seremos revestidos do vigor que necessitamos.

Deus compartilhará conosco não apenas respostas ou palavras, mas uma vida no sobrenatural, onde saberemos nos portar de forma adequada diante da salvação que Ele nos fez herdar. Romperemos nos dias maus, seremos fervorosos e transbordaremos amor, alegria e paz, independente das circunstâncias.

> *No zelo, não sejais remissos; sede fervorosos de espírito, servindo ao Senhor; regozijai-vos na esperança, sede pacientes na tribulação, na oração, perseverantes.*
>
> *Romanos 12.11-12*

Tudo o que precisamos para vencer o mundo, o pecado e o nosso adversário está no Senhor e virá sobre nós quando nos envolvermos intimamente com o Espírito Santo de Deus. Assim, nunca teremos motivos para desistir das promessas do Senhor ou abandonar nossa fé.

> *Porque todo o que é nascido de Deus vence o mundo; e esta é a vitória que vence o mundo: a nossa fé.*
>
> *1 João 5.4*

> *Que diremos, pois, à vista destas coisas? Se Deus é por nós, quem será contra nós?*
>
> *Romanos 8.31*

Vencer a batalha espiritual que tenta nos impedir de conhecer o Senhor requer de nós atitudes que se opõem a nossa própria vontade, a nossas limitações e também a nossa falta de forças. Em outras palavras, precisamos reagir independente dos nossos sentimentos e emoções, e tomar atitudes mediante a fé, buscando beber da Fonte da Água da Vida, a fim de saciar a nossa sede e acessar os atributos que nos moldarão à estatura de Cristo.

> *Até que todos cheguemos à unidade da fé e do pleno conhecimento do Filho de Deus, à perfeita varonilidade, à medida da estatura da plenitude de Cristo, para que não mais sejamos como meninos, agitados de um lado para outro e levados ao redor por todo vento de doutrina, pela artimanha dos homens, pela astúcia com que induzem ao erro. Mas, seguindo a verdade em amor, cresçamos em tudo naquele que é a cabeça, Cristo.*
>
> *Efésios 4.13-15*

A percepção da necessidade de orar

Por muito tempo fui chamada pelo Senhor a conhecê-lo intimamente, todavia, não conseguia entender, nem corresponder a esse chamado. Na verdade, eu nem fazia ideia do privilégio de servir a Jesus. Às vezes isso nos ocorre, o Senhor nos chama, mas, por causa dos cuidados do mundo, da concupiscência da carne e a soberba da vida, não conseguimos perceber o quão grandioso e forte é esse convite.

> *Mas os cuidados do mundo, a fascinação da riqueza e as demais ambições, concorrendo, sufocam a palavra, ficando ela infrutífera.*
>
> *Marcos 4.19*

É comum não conseguirmos sequer discernir que Ele está nos convidando. No meu caso, pude perceber que Deus me esperava pouco tempo antes de confessá-lo como meu Senhor e Salvador, pois eu andava sempre atarefada, com a visão ofuscada, audição suprimida e entendimento enegrecido.

> *Mas, se o nosso evangelho ainda está encoberto, é para os que se perdem que está encoberto, nos quais o deus deste século cegou o entendimento dos incrédulos, para que lhes não resplandeça a luz do evangelho da glória de Cristo, o qual é a imagem de Deus.*

> *II Coríntios 4.3-4*

Precisamos ter a percepção de que o chamado de Deus para nós não está baseado em nossa bondade ou boas obras, mas está, primeiramente, fundamentado no imenso amor de Deus. No entanto, vale a ressalva de que, além de possuirmos essa percepção, precisamos também detectar em nós a necessidade de mantermos esse relacionamento com o Senhor. Uma vez que, o propósito de Deus em nossa vida não acaba na salvação, mas engloba conhecê-lo e fazê-lo conhecido.

Com essa clareza, devemos, de prontidão, nos apresentar ao Senhor em contínuas orações no aguardo do Seu manifestar a nós, mesmo em tempos em que há muitas pessoas demasiadamente acomodadas e ricas de argumentos para justificarem a frieza espiritual e inércia em suas vidas de oração.

> *E, por se multiplicar a iniquidade, o amor se esfriará de quase todos.*

> *Mateus 24.12*

No mais profundo das minúcias dessa verdade bíblica, entendemos que a frieza que se dá no âmago é refletida na ausência de relacionamento das pessoas com Deus. Porém, mesmo em um contexto como esse, o Espírito Santo continua nos chamando a viver uma comunhão intensa no particular com Ele e continua sinalizando que isso é possível, mesmo em tempos de sono e acomodação espiritual.

Pessoalmente, percebi no princípio que havia em mim inúmeras dificuldades em seguir obedecendo a Sua Palavra – e a forma mais próxima de narrar sobre isso é dizer que dava a impressão de que eu tentava fugir de mim mesma, das minhas vontades, dos maus pensamentos e até dos meus planos que, de forma sutil, tentavam me afastar dos propósitos de Deus e também de ter uma comunhão mais profunda com Ele.

Até tive uma sensação de desconforto no primeiro dia da minha decisão por Cristo. Eu pensava em tudo que teria que deixar de fazer e, o que havia dentro do meu coração, é que eu estaria seguindo uma religião, no sentido de ter que ir a cultos nos templos, onde o povo que se reunia havia instituído diversas normas, as quais eu teria que me adequar.

Contudo, era evidente que os meus olhos espirituais estavam totalmente abertos; agora eu tinha consciência plena do meu estado espiritual com e sem Jesus. Ninguém havia me explicado da forma que eu passei a enxergar, por mais profunda que fosse a mensagem que eu tivesse ouvido. Mas agora eu me deparava com essa realidade atual que, antes era como se não existisse para mim. Eu estava plenamente convencida da minha necessidade de Jesus para ser salva e, por isso, eu havia entregado a minha vida a Ele.

Nos primeiros dias que se seguiram após a minha decisão, eu entendi que deveria lutar com todas as minhas forças para nunca mais me afastar ou me separar de Jesus. Eu me sentia redimida, perdoada e grata por não ter feito nada para merecer tanta graça.

> *Fui buscado pelos que não perguntavam por mim; fui achado por aqueles que não me buscavam; a um povo que não se chamava do meu nome, eu disse: Eis-me aqui, eis-me aqui.*
>
> *Isaías 65.1*

> *Porque o Filho do Homem veio buscar e salvar o perdido.*
>
> *Lucas 19.10*

De forma perceptível, eu estava me familiarizando com algo novo, que na verdade era sobrenatural; isso me deixava maravilhada, me fazia ter a certeza de que aquele era o propósito maior de Deus para minha vida. Era como se eu soubesse que havia mais a ser revelado, porque tudo aquilo acendeu em mim uma chama que, ao mesmo tempo, ardia de amor e poder e me levava a desejar o que estava além.

Mesmo aos pés de Jesus, comecei a vivenciar uma forte batalha espiritual, onde a minha carne demonstrava insatisfação, pois, eu não optava mais por fazer a vontade dela. Havia uma espécie de contínuas propostas em minha mente, que tinham como objetivo me fazer retroceder na minha escolha e desacreditar de todas aquelas promessas do Senhor, as quais me fortaleciam e promoviam a renovação da minha esperança em Cristo.

A fim de vencer esse, e outros combates que se apresentavam diante de mim dia após dia, se opondo ao meu novo nascimento, decidi me posicionar contra todas as situações, pensamentos e palavras que, porventura, tentavam me fazer retroceder ao meu estado espiritual anterior. Eu ansiava por agradar ao Senhor e entender como faria para viver plenamente a vontade Dele, independente do contexto em que ela estivesse inserida.

Foi aí que descobri na Bíblia Sagrada que havia um esconderijo, cuja minha habitação nele me faria romper os obstáculos, vencer os ataques, alcançar os milagres já conquistados por Jesus Cristo em meu favor, confiar que no Senhor o impossível torna-se totalmente possível, andar nesse sobrenatural, ter um equilíbrio emocional mediante as pressões e, acima de tudo, conhecer e prosseguir conhecendo o Senhor, amando-o profundamente.

Iniciei a minha busca por um relacionamento mais estreito com o Senhor e, com ela, me veio um contínuo e ardente desejo por usufruir de tudo que passaria a conhecer e a ter acesso. Eu não sabia o quão difícil seria alcançar o que eu estava almejando, e uma coisa era certa, eu só começaria a vivenciar pessoalmente a partir da prática; de nada adiantava toda a teoria que eu poderia saber sobre oração, sobre relacionar-se com Deus e não colocar em prática.

> *Buscar-me-eis e me achareis quando me buscardes de todo o vosso coração.*
>
> *Jeremias 29.13*

> *Buscai o Senhor e o seu poder, buscai perpetuamente a sua presença.*
>
> *I Crônicas 16.11*

> *Pois assim diz o Senhor à casa de Israel: Buscai-me e vivei.*
>
> *Amós 5.4*

Conhecer a Palavra e não obedecer não produz e nunca produzirá nenhum fruto. Por isso, eu precisava reagir mediante a essa necessidade e a essa verdade. Eu sabia que a chave para vivenciar um relacionamento sobrenatural e íntimo com Deus era através de uma busca incessante e incansável, uma vez que Ele se faz acessível e se revela aos que o buscam.

A busca pelo amor ao secreto

Ainda nos meus primeiros anos servindo ao Senhor, aguçou-se em mim um interesse por observar atentamente alguns pequenos grupos de pessoas que conversavam sobre suas experiências na vida de oração e os frutos obtidos por adotar esse padrão de vida.

Eu desejava aprender mais a respeito, pois sabia que essa era uma realidade distante da que eu vivia. Eu procurava pessoas que estivessem no meu tempo, no meu contexto, enfrentando as mesmas batalhas, mas totalmente decididas a perseverar numa vida de entrega completa ao Senhor.

Outro fator determinante, que despertava muito o meu interesse, eram os registros que eu lia em alguns livros sobre avivamento, com narrativas sobre a vida de oração de grandes homens de Deus, onde transparecia o prazer e a alegria em viver assim. Entre esses relatos, destaco:

"Depois de lermos cuidadosamente as biografias de alguns dos maiores vultos da Igreja de Cristo, concluímos que nunca se pode atribuir o êxito de qualquer deles unicamente aos seus próprios talentos e força de vontade, certamente um biógrafo que não crê no valor da oração, nem conhece o poder do Espírito Santo que opera nos corações, não mencionaria a oração como sendo o verdadeiro mistério da grandeza dos heróis da fé."

(Apresentação do Livro Heróis da Fé de Orlando Boyer)

"Passava noites inteiras em oração e recebia revelações quando em êxtase ou por meio de visões. Seus livros sobre a humildade, a oração, o amor e outros temas continuam a exercer grande influência sobre os homens. Destruíram o corpo desse precursor da Grande Reforma, mas não puderam apagar as verdades que Deus, por seu intermédio, gravou no coração do povo."

(Sobre Jeronimo Savanarola, no Livro Heróis da Fé de Orlando Boyer)

"Dizia que se não passasse duas horas de manhã orando, receava que Satanás ganhasse a vitória sobre ele du-

rante o dia. Certo biógrafo seu escreveu: O tempo que ele passa em oração produz o tempo para tudo o que faz."

(Sobre Martinho Lutero, no Livro Heróis da Fé de Orlando Boyer)

"Separava o dia em três partes: oito horas sozinho com Deus e em estudos, oito horas para dormir e fazer as refeições, oito horas para o trabalho entre o povo. De joelhos, lia, e orava sobre a leitura das Escrituras, recebendo luz, vida e poder."

(Sobre Jorge Whiterfield, no Livro Heróis da Fé de Orlando Boyer)

"Planeja os teus negócios, se for possível, para passares duas a três horas, todos os dias, não só em adoração a Deus, mas orando em secreto."

(Sobre Adoniran Hudson, no Livro Heróis da Fé de Orlando Boyer)

Ler esses testemunhos causava-me curiosidade, pois, para mim, orar quinze minutos era um terrível sacrifício e um monólogo enfadonho. Eu precisava desvendar esse segredo que era tão surreal comparado à minha realidade. O que eu conhecia de relacionamento com Deus se resumia em me ajoelhar, selecionar alguns assuntos, especialmente os das minhas necessidades e, ao findar da pequena lista, não fazia mais sentido estar ali.

Ardia dentro de mim um desejo de sentir o verdadeiro prazer de estar a sós com o Senhor e, quando eu ouvia pessoas dizendo que conversavam com Deus o dia inteiro, aonde quer que estivessem, percebia que isso eu já vivia, inclusive tinha notado que era o próprio Espírito de Deus quem começava esse diálogo interno na minha mente e eu apenas correspondia.

Sim, isso é uma riqueza da nossa comunhão com o Senhor e é maravilhoso estar em sintonia com Ele em todo o tempo. Contudo, a minha sede era pelo secreto, por aquilo que era intenso, por um relacionamento tão exclusivo que eu sequer importaria em estar apenas em silêncio com Ele. Eu tinha convicção de que a presença Dele exalaria suficiência plena, algo que proporcionaria uma certeza daquilo que eu não estava vendo, mas que era tão real quanto as coisas que estavam diante de mim.

A minha busca era por acessar tal riqueza que me faria renunciar o que fosse preciso, sem que houvesse nenhuma dúvida em meu ser. Eu almejava conhecer e viver o imenso e sobrenatural amor do Senhor, que nos faz deixar o nosso tudo, para viver o tudo Dele. Eu queria escolher sempre pelo que era eterno e não apenas por um encanto superficial e momentâneo que mexia com a minhas emoções.

Desejava mais que tudo que isso entrasse em mim e fosse parte de mim, de forma que não perdesse mais tempo com as coisas da Terra, que vêm fantasiadas de alegria momentânea, riquezas e glórias, mas que o fim é a morte. Como eu anelava por esse relacionamento incessante, que produzisse o fruto do próprio Deus, cujos efeitos são: a perseverança na Sua presença e a abundância infindável da mesma.

Diante do que eu assistia e lia a respeito de pessoas que haviam alcançado esse nível espiritual, me vinham na mente indagações a respeito do estágio em que eu me encontrava. Por que eu não era como aqueles avivalistas tão cheios do poder de Deus e que carregavam a essência do Evangelho até o seu último respirar, na certeza de que iriam encontrar-se face a face com Jesus?

O que eu deveria fazer, de forma prática, para alcançar esse nível de relacionamento? Qual seria o mapa que indicaria o caminho a ser trilhado para andar lado a lado com o Senhor, usufruindo da plenitude da Sua Presença? E, por fim, como eu cultivaria uma vida de oração onde pudesse orar por prazer e amor, sem pensar em obrigação religiosa?

A primeira coisa que descobri foi que eu já tinha o que era necessário para experimentar e vivenciar todo esse relacionamento. Eu tinha sede, e a sede era como se fosse a chave que eu precisava para abrir a porta de acesso à intimidade com o Senhor, porém, bem sabemos que uma chave não abre nenhuma porta se não for inserida na fechadura, além disso, requer que seja feito um determinado movimento de giro para que a tranca seja liberada e a porta se abra, dando acesso ao interior do lugar.

É por isso que algumas pessoas, mesmo sendo tão sedentas, não vivenciam o sobrenatural de Deus. Frequentam alguma igreja, mas não se relacionam pessoalmente com Ele em uma vida contínua de oração e entrega, e se utilizam de pretextos, como disponibilidade de tempo. Mas, se Ele realmente é tudo para nós, deveríamos priorizá-lo em nossos cronogramas organizacionais diários, certos de que Ele tem o melhor para seus filhos, tanto no céu quanto na terra.

Há também os que usam o pretexto da falta de forças, e enquanto isso, Deus espera para nos encher da força que necessitamos e, certamente, ao apresentarmo-nos diante Dele, seremos totalmente fortalecidos na Sua presença. Há até quem diga que Jesus já fez tudo por nós e não precisamos ficar tanto tempo em oração requerendo algo que Ele já nos concedeu por intermédio do Seu sacrifício na Cruz do Calvário. Mas a oração não é uma árdua forma de pagamento ou de barganha com Deus!

O resultado desses argumentos são pessoas frias espiritualmente, que carregam características pessoais de sua velha natureza que já deveriam estar moldadas à natureza de Cristo, o que não ocorrendo, acabam vindo à tona mediante as circunstâncias, que as enfraquecem em muitas batalhas espirituais, podendo fazê-las recuar, retroceder ou serem afetadas emocionalmente, tornando-as em pessoas egocêntricas e cheias de autocompaixão.

Não podemos ignorar os casos de pessoas que são extremamente sedentas, mas, ao não reagirem em busca de acessar esse nível de intimidade com Deus, não conseguem deixar a vida mundana, mesmo possuindo tanta sede, pois sua entrega é momentânea e não contínua. Em decorrência disso, acontecem inúmeras frustrações, pois elas tentam servir a Deus e resistir às influências do mundo com suas próprias forças, o que é humanamente impossível.

Só no Senhor está a força e o poder que precisamos:

> *Sujeitai-vos, portanto, a Deus; mas resisti ao diabo, e ele fugirá de vós.*
>
> *Tiago 4.7*

> *Porque as armas da nossa milícia não são carnais, e sim poderosas em Deus, para destruir fortalezas.*
>
> *2 Coríntios 10.4*

É nessa batalha entre a carne e o espírito que Cristo nos concede a vitória. Porém, se vivemos por meio da fé, algumas atitudes vão precisar partir de nós. Por exemplo, você não pode dizer que Jesus é seu Senhor se você não obedece e nem cumpre a vontade Dele.

> *Porque, quando vivíamos segundo a carne, as paixões pecaminosas postas em realce pela lei operavam em nossos membros, a fim de frutificarem para a morte. Agora, porém, libertados da lei, estamos mortos para aquilo a que estávamos sujeitos, de modo que servimos em novidade de espírito e não na caducidade da letra.*

Romanos 7.5-6

A evidência do senhorio de Deus sobre alguém é a sujeição desse ao Senhor, obedecendo aos Seus devidos ordenamentos:

> *Não sabeis que daquele a quem vos ofereceis como servos para obediência, desse mesmo a quem obedeceis sois servos, seja do pecado para a morte ou da obediência para a justiça? Mas graças a Deus porque, outrora, escravos do pecado, contudo, viestes a obedecer de coração à forma de doutrina a que fostes entregues; e, uma vez libertados do pecado, fostes feitos servos da justiça. Falo como homem, por causa da fraqueza da vossa carne. Assim como oferecestes os vossos membros para a escravidão da impureza e da maldade para a maldade, assim oferecei, agora, os vossos membros para servirem à justiça para a santificação.*

Romanos 6.16-19

Ou seja, você não poderá dizer que Jesus lhe salvou se continuar praticando obras de alguém que está morto espiritualmente, uma vez que a salvação implica em obras de uma nova vida em Cristo. Aquilo que é reprovável diante Dele está debaixo de condenação eterna e não pode fazer parte da vida daqueles que praticam verdadeiramente a fé em Cristo.

> *Porque o pendor da carne dá para a morte, mas o do Espírito, para a vida e paz.*

> *Romanos 8.6*

No entanto, nossa busca por Ele nos fortalecerá e nos ajudará a perseverar na caminhada.

> *Agora, pois, já nenhuma condenação há para os que estão em Cristo Jesus. Porque a lei do Espírito da vida, em Cristo Jesus, te livrou da lei do pecado e da morte. Porquanto o que fora impossível à lei, no que estava enferma pela carne, isso fez Deus enviando o seu próprio Filho em semelhança de carne pecaminosa e no tocante ao pecado; e, com efeito, condenou Deus, na carne, o pecado, a fim de que o preceito da lei se cumprisse em nós, que não andamos segundo a carne, mas segundo o Espírito.*

> *Romanos 8.1-4*

Ainda que o desânimo, a falta de força, entre outras influências da própria natureza humana se oponham, não podemos ceder a elas, pois a vontade da carne, ao militar contra o espírito, nos oferece infinitas distrações para nos impedir que entremos na presença do Senhor em um nível mais íntimo.

> *Portanto, os que estão na carne não podem agradar a Deus.*
>
> *Romanos 8.8*

Devemos ir muito além de resistir às vontades da carne, devemos nos opor a elas. Ainda que elas tentem nos dominar, cremos e nos apoderamos por fé da nossa vitória, pois Cristo venceu por nós e assim reagiremos contrariamente ao que o velho homem tenta nos conduzir. Mas precisaremos reagir!

Lembra-se de quando falamos sobre a chave para abrir a porta? Então, o esforço é o que fará a chave girar. É preciso romper todos os impedimentos para estar a sós com o Senhor; é preciso vencer todos os obstáculos que estão concentrados entre o querer e o fazer, porém, é certo que só venceremos quando reagirmos de forma prática.

Comecei a entender que não bastava eu almejar, planejar, ou até esperar o próprio Deus vir ao meu contexto e me mostrar o sobrenatural, porque eu ainda não tinha nenhuma estrutura para vivê-lo, uma vez que é somente quando nos relacionamos com Ele que adquirimos o fundamento necessário. Em outras palavras, é perto do Senhor que nos tornaremos aptos a viver e usufruir do sobrenatural.

> *Dar-te-ei os tesouros escondidos, e as riquezas encobertas, para que saibas que eu sou o Senhor, o Deus de Israel, que te chama pelo teu nome.*

> *Isaías 45.3*

Apesar da sede ser uma característica absolutamente importante, a Palavra aponta para uma disposição pessoal em ir ao encontro Dele.

> *No último dia, o grande dia da festa, levantou-se Jesus e exclamou: Se alguém tem sede, venha a mim e beba.*

> *João 7.37*

Após essa atitude, o sedento deverá beber, o que indica ingerir, desfrutar e usufruir dessa fonte deliberada do Senhor, até que seja totalmente saciado. Em meu caminho de busca, percebi que o que as pessoas compartilhavam comigo a respeito de suas experiências pessoais já não me satisfazia. Agora, eu mesma queria ouvir do próprio Deus, ser direcionada por Ele nas minhas decisões, queria amá-lo mais, de forma que esse amor se tornasse o fundamento de todas as minhas ações.

Eu queria orar por amor, ir ao culto por amor, evangelizar por amor, fazer o bem por amor. Estava cansada de me relacionar com o Senhor de uma forma tão pesada e, às vezes, lutando contra o meu desejo de não orar. Mas vale ressaltar que é extremamente importante lutar contra o desânimo; mesmo que o começo da sua oração não seja tão prazeroso, não desista! Por diversas vezes senti que, ao final do meu momento de conversa com o Senhor, eu carregava um sentimento de força, de um novo revestimento, de uma nova roupagem espiritual.

Sentia como se tivesse uma blindagem me envolvendo, e assim era tomada por convicções e por uma fé que antes não havia em mim. Isso se tornou alicerce para me dedicar mais ao relacionamento íntimo e exclusivo com o Senhor, pois eu estava convencida de que aquilo que o tempo com Deus me proporcionava era abundantemente mais poderoso para mim do que qualquer resposta de oração.

Percebi, ao decorrer do tempo em que ia me entregando e me envolvendo cada vez mais com o Senhor, que ocorria dentro de mim uma transição. Antes, as minhas orações eram compostas apenas por muitas petições; depois, eu já conseguia ficar na presença apenas o ouvindo falar comigo coisas lindas, que me levavam a adorá-lo continuamente.

Notei também que, quando eu não orava, o meu dia se tornava incompleto e eu sentia que faltava uma parte de mim. Era mais do que sentir saudade de alguém, era algo que me afetava profundamente. Imagine a angústia de alguém com muita sede e sem água para beber – comigo acontecia mais ou menos assim. Viver aqueles momentos se tornou a minha vida, o meu ar, o meu refúgio, o melhor do meu dia.

E foi assim que eu descobri que orar era mais que uma obrigação, era um relacionamento profundo, um andar com Deus que me fortalecia e aumentava o meu amor por Ele. Quanto mais eu o conhecia, mais queria conhecê-lo; quanto mais eu convivia com Ele, mais almejava esse convívio.

Era na presença Dele que eu começava a acreditar nas coisas impossíveis e a enxergar Suas promessas perto de mim. Tudo isso me fazia renunciar sem ter medo de me arrepender, apenas por querer Ele comigo, e em mim, todos os dias. Tornei--me uma pessoa mais perseverante, corajosa e confiante exclusivamente no que Ele havia gerado em mim no tempo em que relacionávamos no secreto.

A *evidência de uma entrega verdadeira*

É comum desejarmos o que o relacionamento com Deus nos proporciona e ignorarmos o maior interesse Dele – o relacionamento propriamente dito, sendo essa a riqueza, a maior recompensa, a chave para acessar todo o resto que virá como consequência.

É totalmente contraditório dizer que amamos o Senhor e não termos prazer em nos relacionar continuamente, de forma atenciosa e exclusiva com Ele. Não é que o Senhor requer de nós prova, mas, é no mínimo óbvio que alguém que diz amar o outro, deseje se relacionar, estar a sós, dedicar atenção exclusiva, sentir, olhar, suspirar, conhecer, rir e quem sabe chorar com essa pessoa.

O amor traz evidências que comprovam sua existência, ou seja, o relacionamento entre pessoas que se amam é radicalmente distinto daquele entre pessoas que apenas se conhecem. Um exemplo claro disso é que, pessoas que apenas se conhecem, ainda que saibam a fundo detalhes da vida uma da outra, não renunciam nada em favor do relacionamento. Mas, quem ama, certamente renunciará posturas que não agradam ao outro, a fim de manter e fortalecer a união.

Aquele que tem conhecimentos a respeito de Deus, que vai aos cultos, escuta a ministração da Palavra, aprende teoricamente sobre Ele, mas o relacionamento se resume nisso, é bem provável que o decorrer dos seus dias sejam dedicados exclusivamente à vida profissional, lazer, bem como rotinas diversas que giram em torno de necessidades, relacionamentos e projetos humanos, meramente terrenos. E, em alguns desses momentos, podem ocorrer situações diversas que se opõem a vontade de Deus, mas que são imperceptíveis para quem nutre esse tipo de relacionamento.

Essa realidade se difere radicalmente daquele que está disposto a conhecer a Deus no aspecto mais profundo da expressão e que está determinado a renunciar, ainda que se julgue sem forças para tal. Essa pessoa, ao se relacionar, passa a ver como Deus se move intimamente e em favor de conservar o relacionamento, o que a torna cada vez mais envolvida pela manifestação da presença do Senhor, e a faz ansiar por vivê-la mais intensamente.

Ora, se amamos de fato o Senhor, também amamos ficar a sós com Ele sem nos preocupar com o tempo. Gastamos horas, que passam tão rapidamente na presença Dele, e quando nos afastamos um pouquinho do secreto, sentimos saudades. É como se faltasse uma parte de nós, pois esse é um momento em que falamos sobre coisas que somente Deus e nós entendemos.

Ele nos conhece profundamente e nem precisamos nos explicar em nada. Como é maravilhoso conversar com alguém que não exige justificativas e nem argumentos! Como é bom sentir o Seu olhar sobre nós, o Seu precioso e peculiar cuidado que traz a paz e a certeza de que vai ficar tudo bem. Em alguns momentos, ouvindo-o, teremos uma percepção melhor da Sua voz, e também aprenderemos a falar com Ele. Não tem problema se Ele está em silêncio, podemos aprender com isso também.

A presença Dele nos constrange e nos induz a uma postura condizente com a Sua santidade. Enquanto isso, somos tomados e transformados pelo Seu mover único. Não há como viver o Reino na teoria, onde palavras, decisões e planejamentos não são afetados pela prática desse relacionamento que Jesus torna possível. Ele já nos libertou do pecado que nos separava do Pai, devemos nos comportar como herdeiros de tudo que Ele nos proporcionou.

Nessa jornada, podemos contar com a ajuda do Espírito Santo a cada vez que não sentirmos vontade de orar, ou sempre que protelarmos a ida ao secreto, pois Ele sempre irá nos convencer sobre a nossa necessidade de buscar a face do Senhor. Ele é o responsável por gerar em nós amor e desejo por tudo que pode ser extraído desses momentos verdadeiros, concretos e mais absolutos do que tudo que está diante de nós.

Oração: o percurso entre a dificuldade e o deleite

Particularmente, posso dizer que percorri um espinhoso trajeto entre a dificuldade de orar e o momento em que percebi o quanto não podia mais viver sem uma vida de oração, afinal, eu havia encontrado mais que respostas, tinha alcançado aquilo que podia saciar a minha sede.

Com Ele, eu falava sobre meus segredos mais íntimos, coisas de mim que nem eu mesma entendia. No meio do nosso diálogo, Ele me fazia entender quem eu era. Isso foi mais poderoso que qualquer terapia, pois gerou paz, curou feridas emocionais, trouxe de volta a autoconfiança e aumentou minha fé.

Desde criança, até o comecinho da adolescência quando saí da casa dos meus pais para estudar em outra cidade, eu enfrentei batalhas espirituais muito fortes. Eu era muitíssimo medrosa, assustada e às vezes não gostava de dormir; nessa época, tive alguns sonhos com mensagens sem muita explicação – sinais aparecendo no céu como se fosse o arrebatamento, mas eu não sabia nada sobre isso, já que entrava na igreja pensando na hora que a reunião iria acabar e não fazia ideia do que falavam os sermões.

Ao deixar a casa dos meus pais, sonhei por mais duas vezes com um grande movimento no céu e entendi que deveria estar pronta para algo. Sentia também que precisava buscar minha família na cidade em que ela estava, a fim de estarmos juntos para aquilo que viria. Apesar desses sonhos inesquecíveis, eu os ignorei por um bom tempo.

O que sei é que o Senhor já estava me chamando para me relacionar com Ele, e o certo a se fazer era corresponder ao Seu chamado, porém, não o fiz. Na minha concepção, havia muito a ser deixado. Até cheguei a frequentar igrejas, mas certa de que não era aquilo que eu desejava para a minha vida. Alguns anos se passaram e muitas coisas aconteceram, mas eu vivia minha mocidade como julgava ser coerente.

Vivi muitas experiências, sofri muito quando me separei precocemente da minha família, mas entendia que era por um bem maior e de certa forma estávamos ligados pelos princípios culturais gerados em mim dentro do lar. Fiz algumas mudanças de cidades, até que, por fim, passei a morar em Brasília, Distrito Federal, onde me converti plenamente e de uma vez por todas ao Evangelho de Jesus Cristo.

Um ano antes da minha conversão, o Senhor mais uma vez me chamou de uma forma muito intensa, sem deixar nenhuma dúvida de que era Ele mesmo. Apesar de não ter ouvido pregações ou de não ter ido à igreja por aqueles dias, eu sentia que teria que ir ao encontro Dele, mas não sabia como fazer isso. Fiquei tão desnorteada que até tentei me inscrever em algumas obras sociais, pois, no meu entendimento, boas obras poderiam bastar.

Ao me entregar a Jesus no ano de 2002, eu não fazia ideia do rumo que minha vida tomaria. Sinceramente, não achei que aquilo teria grandes reflexos no meu modo de viver, pois, apesar de já ter frequentado algumas igrejas anteriormente, jamais passava pela minha cabeça o que era servir a Jesus de verdade e tê-lo como Senhor da minha vida.

Embora tenha levantado a mão naquele dia (não me lembro se foi a direita ou a esquerda, e pior do que isso, não me lembro nem da palavra que foi ministrada), a única coisa que me recordo nitidamente era do sentimento que eu tinha em qualquer evento religioso – o sentimento de missão cumprida ao final, porque a cultura da minha casa era ir a uma cerimônia litúrgica aos domingos e só. Eu cresci com o entendimento de que aquele ritual de entrar em algum evento religioso e participar dele até o final me protegeria de alguma forma, como se aquilo fosse uma espécie de amuleto ou coisa semelhante.

Eu não conhecia o testemunho de nenhuma pessoa do meu tempo que, sendo jovem, tinha renunciado as coisas que eu vivia e pudesse ser referência para mim. Eu era ignorante sobre o poder de Deus e sobre quem Ele era, um ser tão supremo, amoroso, fiel e santo.

Nem nos meus melhores sonhos eu imaginaria que um Deus assim pudesse querer um relacionamento íntimo comigo. Isso era surreal demais, glorioso demais. Eu demorei um tempo considerável para entender que Ele era um Pai que almejava ter a atenção exclusiva da filha para que essa conhecesse e desfrutasse da dimensão do Seu amor.

Lembro-me muito bem do meu primeiro propósito de jejum e oração numa festa de aniversário, alguns dias antes de eu receber o batismo no Espírito Santo. Naquele dia, conversei com alguns irmãos da igreja onde havia me entregado a Jesus sobre o que eu estava vivendo com Deus. De repente, vi que uma roda de pessoas se formou para ouvir o que eu compartilhava e, no final, iniciamos um propósito, com momentos de oração durante o dia, e jejum de meia-noite até o final da tarde.

Ligávamos uns para os outros no decorrer daquele propósito, que durou uma semana. A experiência foi nova e maravilhosa para mim, certamente me fortaleceu muito naquele tempo, mas era um pequeno começo prático. Eu comecei a identificar o toque de Deus em mim durante as vigílias que comecei a frequentar. Tive experiências sobrenaturais que eram um vislumbre do que eu viveria futuramente.

No meu batismo no Espírito Santo, o meu corpo sentiu o sobrenatural; pude experimentar fisicamente o toque de Deus na minha cabeça e em minhas mãos. Aquela voz que me chamava ao encontro, agora ecoava fortemente dentro de mim. Tive a certeza de que era aquilo que eu queria para minha vida.

Depois disso, meu relacionamento com a igreja se estreitou porque, em grupo, eu me sentia mais motivada a orar. Era no templo que eu me reunia e aprendia sobre oração com meus irmãos. Nesse período, começamos um momento de busca todos os dias, durante uma hora. Às vezes, eu chegava atrasada porque ia direto do trabalho, e assim, não conseguia orar o tempo completo, mas nós perseveramos durante quatro anos naquele propósito.

Não me lembro ao certo quando começamos, mas acredito que já havia mais de um ano que eu tinha me entregado a Jesus. Eu sentia que gradativamente aumentava o meu anseio por mais tempo buscando a face do Senhor, havia uma necessidade em mim por algo mais profundo.

Por outro lado, em casa e no meu dia a dia, eu orava por períodos curtos, o que me causava incômodo. Por um pequeno intervalo de tempo, eu vivia o que chamavam de "vida cristã normal". As pessoas que me cercavam pensavam que eu tinha muita sede, que eu era diferente, mas eu estava completamente convencida de que vivia na superficialidade e, no meu íntimo, eu sabia que havia mais para mim.

Talvez, nós estejamos acostumados a avaliar a suficiência do manifestar da presença de Deus na vida de alguém, baseados numa espécie de concorrência, ou seja, comparamos a nossa espiritualidade com a das pessoas que convivemos, quando, na verdade, nós temos o termômetro certo e absoluto que é o próprio Deus.

Como nova convertida, eu enfrentei muitos obstáculos que tentavam me afastar do Senhor; era muito difícil vencer as tentações da minha própria carne porque elas estavam diante de mim o tempo inteiro. E quantas vezes, por não conseguir resistir, eu quis desistir, pois me sentia incapaz de romper nessa época da minha vida.

Na igreja era conveniente e fácil servir, mas, as batalhas vinham no meu dia a dia, na minha mente, nos ambientes que eu frequentava. Pensei várias vezes que tudo não passava de empolgação minha e que mais cedo ou mais tarde eu retrocederia. A busca pelo relacionamento íntimo com Deus, mesmo com todas as limitações, foi decisiva em minha vida. O Senhor me fez entender que havia mais para mim, ainda que, para o contexto em que eu estava inserida, era suficiente para muitos.

A inconformidade com minha situação de busca gerou estratégias, e é claro, renúncia e separação. Deixei de viver muito da satisfação momentânea com os jovens do meu tempo para buscar a satisfação eterna no meu relacionamento com o meu amado Senhor. Abracei o sentimento de estar na contramão e engoli algumas críticas por causa da minha postura de entrega um tanto quanto radical. Mas Deus me garantia que havia algo muito maior nesse caminho de renúncia e me fazia ter a certeza de que, em breve, eu seria imensamente realizada espiritualmente por causa dessas decisões.

Ainda nos dias em que eu orava por um período de uma hora na igreja onde congregava, me tornei metódica e comecei a observar meus limites e níveis de dedicação a Deus. Cheguei à conclusão de que eu deveria romper esses limites, criar rotinas práticas e metas atingíveis diariamente e aplicá-las em um dia de cada vez.

Estava certa de que, depois que começasse a me apresentar em particular diante do Senhor, Ele me daria a força que eu precisava para perseverar nessa busca contínua na Sua presença. Confiei nisso e assim o fiz; comecei dedicando trinta minutos do meu tempo regularmente por um período determinado até que eu me adequasse, e em seguida, eu lançaria a mim mesma um novo desafio. Via-me como uma criança aprendendo a andar aos poucos.

É importante falar que, ser metódica foi essencial para conseguir administrar o meu tempo de entrega a sós com o Senhor. Confesso que essa ferramenta ajudou muito a me disciplinar e suscitar o meu senso de responsabilidade, de forma que todas as coisas estavam nos devidos níveis de prioridade. Por um bom tempo fiz uso de uma agenda para não esquecer de nenhum alvo de oração que havia proposto a me dedicar.

Os trinta minutos, durante trinta dias, me ajudaram a vencer a vontade da minha carne e faziam o propósito ficar mais leve e prazeroso. Como é forte em minha memória a forma em que eu planejava tão ansiosa para viver algo mais profundo com o Senhor, era como se eu fizesse um mapeamento do caminho que eu deveria trilhar para chegar mais perto Dele.

Aos poucos, fui aumentando o tempo, orando uma hora por dia em casa. Era forte para mim perceber o quanto eu estava conseguindo me envolver por mais tempo. Comecei a me conhecer melhor e a me sentir mais feliz ainda. Logo depois eu aumentei o tempo para duas horas de oração por dia, durante alguns meses e, por fim, comecei a fazer quatro horas de oração.

Eu não imaginava que ficaria dependente de viver assim e o quanto isso aumentaria o meu amor pelo Senhor. Eu mesma queria abrir mão de coisas que me afastavam da intimidade com Deus. Renunciar era uma consequência do que aquele relacionamento estava gerando.

O tempo com o Senhor estava me fazendo tão maravilhosamente bem, que eu ansiava por mais. Acredito que a sede gerava ainda mais sede e a certeza de que havia mais a ser revelado, a ser vivido. Nunca vou me esquecer dos dias em que, durante cerca de três meses que fiquei sem trabalho, dediquei todo aquele tempo ao jejum e a oração. Eu morava sozinha e acordava mais cedo somente para orar. Orava de joelhos das sete da manhã até às sete da noite, de segunda a sexta-feira. Aos sábados e domingos eu pregava nas igrejas e fazia evangelismos.

Aquela etapa que vivenciei de entrega foi absolutamente sobrenatural e demasiadamente decisiva para a minha vida. Lutas? Imensas! Mas nada arrancava a minha comunhão íntima com o Senhor. A presença Dele nem sempre era manifesta enquanto eu estava naqueles períodos, mas, mesmo assim, eu sabia que Ele estava recebendo a minha oração e adoração. Eu era inspirada a falar palavras de adoração, era direcionada a interceder por outras pessoas e, entre um clamor e outro, muitas respostas o Senhor me deu para as ferrenhas lutas que eu enfrentava.

Deus me revelava tudo que estava acontecendo. Se eu era caluniada, Ele me mostrava quem estava por trás, mas, acima de tudo, me ensinava que eu deveria amar e perdoar. Para as decepções, o Senhor gerava um coração novo em mim, e eu não era afetada. Para as tentações, Ele me dava resistência e eu podia ver nitidamente quando Ele agia e a forma que agia.

Aquele secreto no meu quarto com o Senhor já me deixava absolutamente maravilhada e nenhuma expressão terrena é capaz de descrever esse sobrenatural. Eu sentia que havia ganhado estrutura para suportar provações, sendo que antes, situações inferiores já me desestruturavam. Mas desde então, podia testemunhar efetivamente que o tempo em que eu me dedicava ao Senhor estava literalmente mexendo com todo o meu ser e, acima de tudo, fortalecendo a minha aliança com Deus.

Alcançando novos níveis no Espírito

Eu já não conseguia mais viver sem meu propósito, porque dentro dele eu sempre vivia algo novo. Fui percebendo que esses momentos estavam inseridos automaticamente em minhas rotinas e, a partir daí, eu comecei a ir para igreja em dias de feriados, ou quando não tinha culto, para ficar orando o dia inteiro até dia seguinte.

Apesar do trabalho secular, eu dava um jeito de ter um dia para orar por longas horas, de preferência, sem relógio por perto. Eu escolhia um dia na semana para passar a noite na igreja e por lá ficava até a tarde do outro dia, ou até escurecer de novo. Geralmente eu fazia isso sozinha e, algumas vezes, na companhia de uma, duas ou três pessoas.

Lembro-me que nos feriados, o coração acelerava forte porque era a oportunidade que eu tinha para ter o templo exclusivamente para mim, pois, a maioria das pessoas ia para os retiros espirituais.

Ali eu ficava por quatro dias seguidos, fazia uma refeição à meia-noite e jejuava e orava sem parar.

Às vezes, o sono e o cansaço físico eram mais fortes, e mesmo entre cochilos na madrugada eu não queria perder aquela chance em hipótese alguma, era o melhor evento de todos que eu poderia ter! Ao lembrar, sinto arder em meu coração a chama desse amor tão forte que o relacionamento no secreto gerou e ainda tem gerado.

Mesmo com as mudanças nas minhas rotinas devido ao trabalho, Deus sempre me dava alguma estratégia e eu nunca mais aceitei viver sem isso. Uma das coisas que Ele me levou a fazer durante vários anos foi aproveitar o feriado de natal (geralmente eu tinha quatro dias de folga). Ao sair do último dia de trabalho que antecedia o feriado, eu passava no mercado, comprava algumas coisas para preparar a minha refeição na entrega do meu jejum que faria diariamente, e então, eu ficava quatro dias trancada em casa só buscando a face do Senhor.

Esse período era diferente porque além de orar, eu me dedicava a ler a Bíblia, livros e também louvava alguns hinos da harpa, o que era diferente das outras vezes em que eu me separava, pois eu gostava de dedicar o tempo praticamente todo em adoração, clamor, súplicas, silêncio, gemidos, choros, falando baixo, falando alto, orando em línguas, de joelhos, em pé, sentada, deitada, com a cara no pó, enfim, vivendo as melhores e maiores experiências da minha vida com Ele, o Espírito Santo de Deus, que tanto me chamou para esse tempo contínuo de evidência do Seu sobrenatural sobre a minha vida.

Longe de mim julgar já ter alcançado um nível espiritualmente elevado, porém, o que sei é que entrei por essa porta que estava diante de mim e tomei uma atitude para começar a trilhar o caminho de oração e adoração. Percebi que, após entrar, a porta se fechou, e a cada dia eu sinto que não tem mais volta. Olhei para a minha vida e percebi que nada mais faz tanto sentido quanto estar a sós com o Senhor, sendo ministrada por Ele diariamente e em novidade de vida.

O que devemos fazer é estar no lugar de intimidade, ir ao encontro Dele, abrir mão de outras coisas porque a nossa prioridade é Ele, independente da nossa motivação diária, das influências que recebemos, se estamos bem ou mal, se vamos ouvi-lo, ou se conseguiremos falar, mas nós simplesmente vamos porque não nos guiamos pelo que sentimos momentaneamente.

A eternidade nem sempre se move em evidência diante dos nossos olhos, mas, acima de tudo, vivemos por fé. E é só nesse lugar de intimidade que vamos alcançar os níveis mais profundos de amor e cuidado do nosso Senhor. Lembro-me muito bem de uma vez em que eu estava a sós com Ele e, por causa de alguns acontecimentos, eu sentia medo causado pelas pressões, palavras contrárias e portas que se fechavam. Eu temia desistir de algo que Ele mesmo havia colocado em meu coração, sentia um misto de dor e decepção, e rios de lágrimas jorravam dos meus olhos.

Eu chorava por olhar para todos os lados e ver pessoas desistindo, só restava eu. Por dois dias seguidos senti profundamente as batalhas espirituais, onde minha alma angustiou-se muito, mas depois o Senhor veio e todo o meu corpo estremeceu com o Seu toque. Uma presença muito forte tomou aquele pequeno ambiente do quarto onde eu estava e a partir daquele momento eu entendi que nada podia me deter. O que aconteceu ali, espiritualmente falando, foi absolutamente maior do que eu senti e vi.

Deus estava me entregando coragem, ousadia e a convicção que eu precisava, de sorte que, os obstáculos continuavam se levantando, porém, nada abalava a minha certeza. As circunstâncias se manifestam para nos intimidar e nos fazer recuar, mas isso é resolvido no secreto com Deus quando Ele se manifesta. A Sua presença completa todas as áreas das nossas vidas que estão com déficit e faz transbordar o que já temos Dele.

Ele se apresenta e o medo que invade o seu ser se esvai e você ficará cheio de coragem. Se é o emocional que está abalado, a presença Dele é fortaleza e ela flui até você, de forma que nem será preciso fazer uma narrativa, porque Ele não gasta tempo detectando dores, Ele apenas flui, curando e restaurando o nosso coração aflito e cansado.

A resposta vem até nós, ainda que não seja aquele relatório que responde individualmente a cada questionamento nosso. Mas a presença do Espírito Santo vem sanar todas as dúvidas, às vezes sem sequer falar uma palavra. E percebemos que feridas, solidões, pressões psicológicas, falta de vontade de viver, desânimo, sentimento de desistência, maldições e situações semelhantes a essas, são totalmente dissipadas diante Seu manifestar.

Entre por essa porta do secreto com o maravilhoso e doce Espírito Santo de Deus, sim, essa porta será a saída deste mundo de pressão, de desistência, de acusações, de ilusões, ao mesmo tempo em que será a entrada para um Reino, onde o Rei está sempre disponível para nos receber intimamente. Não precisamos agendar, não precisamos pagar, não necessitamos ter pressa para sair.

Esse Rei lhe enche de honras e compartilha com você da Sua própria glória. Ao entrar, você começa a ter os olhos espirituais abertos e passa a visualizar todas as riquezas celestiais e, então, Ele lhe convencerá que essas riquezas são suas também, porque o precioso sangue de Jesus nos torna aptos para usufruirmos delas.

Isso é realmente muito grandioso e só pode ser visualizado com os olhos espirituais abertos. Quando você descobrir a dimensão e a amplitude dessas riquezas, perceberá que os tesouros da Terra são nada diante dos tesouros da eternidade.

A oração que é feita por amor

O momento em que percebemos que estamos envolvidos nesse relacionamento totalmente por amor, é quando todos os dias o nosso coração sinaliza o quanto precisamos nos encontrar com Ele no secreto e quando sentimos que o dia está incompleto, mesmo se houver muitas boas notícias e mesmo se formos presenteados com ótimas surpresas.

É no secreto que sentimos a satisfação, e mesmo sem falar, é como se dentro de nós algo dissesse: "Não via a hora de estar aqui, quero aproveitar cada milésimo". Ali temos consciência plena de que aquele será o momento mais produtivo do dia, sentimos a certeza de que receberemos algo totalmente novo, jamais vivido antes, e eu não estou falando sobre experiência momentânea, mas de algo eterno, que é inserido e que não pode ser tirado de nós.

Na entrega intensa e sem reservas, somos tomados por um sentimento de proteção plena, entramos no mais profundo do esconderijo do Altíssimo e à sombra do Onipotente, o lugar onde nossas emoções são guardadas e protegidas do desespero, da ansiedade, das dores profundas e angustiantes na alma, do medo, do rancor, da falta de perdão, das aflições, decepções, solidão e acusações.

E, além dessa proteção, os nossos olhos espirituais se abrem e começamos a visualizar os projetos de Deus para nós. Passamos a entender que eles estão vinculados à eternidade, cujos efeitos e consequências seguem de geração em geração. É por isso que Ele tira de nós os nossos próprios projetos, porque são meramente temporais e circunstanciais.

É à luz da presença desse Deus Santo que notamos em maior evidência as nossas falhas, nossos pecados, e os reconhecemos com lágrimas em um verdadeiro arrependimento. Assim, a nossa alma é tomada pela imensa alegria de sermos completamente perdoados.

Esse é o mais perfeito deleite, onde perguntas têm respostas, onde o Senhor manifesta Sua glória ao seu servo, onde Ele revela Seus segredos ao seu amigo, onde podemos confiar plenamente e absolutamente em tudo o que é falado e gerado no relacionamento, porque nenhuma verdade da Terra se aproxima da Verdade Absoluta que Ele é, diz e faz. Não podemos ignorar a glória que Ele manifesta sobre nós, nem o revestimento espiritual, que é tão perceptível, ainda que não seja visualizado a olho humano.

Certamente, esse manifestar do Senhor cria em nós um vínculo, uma dependência e um amor, do qual não queremos nos desvincular nunca mais, e ansiamos por alimentá-lo e vivê-lo continuamente. Nenhuma proposta grandiosa aqui na Terra poderá nos convencer a abrir mão desse tempo de entrega. Em nenhum outro lugar ou em nenhuma outra pessoa poderemos viver um amor tão forte e tão profundo, que produz abundantes frutos de arrependimento.

Esse vínculo é supremo, insubstituível e forte porque é gerado na eternidade, vem do Senhor para nós e nos torna em pessoas que transbordam a verdadeira essência de Deus nos mínimos detalhes, desde os pensamentos, as falas, o caráter, até o modo de viver por completo. É inevitável que isso exale às pessoas que nos cercam; elas começarão a perceber esse imenso amor, ainda que, em alguns casos, não o conheçam concretamente.

Esse nada mais é do que um breve resumo de quando se torna notório que estamos nos relacionando com o Senhor por estarmos totalmente envolvidos pelo Seu amor e no Seu amor.

Revestimento e força que vêm de Deus

Quando nos permitimos nos envolver mais a fundo com Senhor, resistiremos firmes mesmo quando nos deparamos inicialmente com os obstáculos da falta de força, frieza espiritual, evidências concretas do manifestar das obras da carne se opondo a vontade de Deus, na tentativa de nos distrair ou até de nos fazer perder o interesse por esse relacionamento e, em algum momento, nos conformar com a vida inerte sem desfrutar desse amor.

São infinitas as situações que se apresentam entre nós e o Senhor, tentando nos afastar Dele. Sempre haverá pretextos, justificativas e outras circunstâncias que tentarão esfriar nosso chamado. Devemos romper com ilusões passageiras, antes que nos tornemos distantes, a ponto de nos acostumarmos com essa realidade, até que percamos totalmente o interesse por Ele.

Por outro lado, o Senhor se apresenta diante de nós continuamente, nos convidando a desvencilhar das ocupações diárias, ou de tudo que nos prende, para nos voltarmos totalmente a Ele, a fim de vivermos e andarmos no sobrenatural, pois isso nos fará ter amor pela vida de oração. A partir daí, não haverá mais incertezas que nos impeçam de ir ao encontro Dele, pelo contrário, tudo será obra do próprio Deus em nós.

Contudo, faz-se necessário as renúncias, as atitudes de entregas, até que fluam as recompensas incontáveis e indescritíveis, a saber, a incrível riqueza de andar com Deus e ser dirigido por Ele nas tomadas de decisões. Obedecendo a Sua Palavra, receberemos a sabedoria que abrirá o nosso entendimento para discernir melhor as situações, assim como, gerará determinação para agradá-lo, percepção maior das batalhas espirituais e forças para vencê-las.

Uma observação extremamente importante é que, o que nós dedicamos a Deus em tempos difíceis, se reverterá na força que precisaremos lá na frente, para buscarmos mais; ou seja, na medida em que buscamos a Deus, criamos reservas espirituais que nos fortalecerão para continuarmos perseverando na nossa busca e dedicação contínua ao Senhor. É como a lei da semeadura, nós plantamos agora e então colheremos nos dias futuros, como está escrito:

> *Os que com lágrimas semeiam com júbilo ceifarão. Quem sai andando e chorando, enquanto semeia, voltará com júbilo, trazendo os seus feixes.*
>
> *Salmo 126.5-6*

O Senhor, além de me proporcionar momentos incríveis em Sua presença, produzir frutos práticos manifestos em minha vida, me ajudar a vencer as batalhas do dia a dia, me acrescentar o amor por Ele abundantemente, bem como a dependência de estar na Sua presença, Ele me deu estratégias (aparentemente metódicas) que me proporcionaram mais do que disciplina para viver continuamente o relacionamento, mas gerou em mim um amor imensurável por Ele e por esse secreto.

A prática dessas estratégias fez com que a pequena chama que ardia em mim, se tornasse num incêndio inapagável do fogo de Deus, que tem queimado cada vez mais. Eu estou sempre inconformada com minha vida de entrega, por entender que Ele tem infinitamente mais e que não posso cessar de buscar, devo me entregar e estar a sós com o Senhor.

O início de tudo foi uma pequena chama, cuja definição é sede, que produziu em mim uma reação que me levou até Deus, onde, então, fui movida pelo Seu amor e no Seu amor, o que me fez desejar ter mais envolvimento com Ele e considerar curto todo tempo que dedicava a Ele.

Perceptivelmente, com o passar dos dias, o que eu havia orado antes se tornou alicerce que me alavancava a orar com mais intensidade e veemência e, é claro, dedicando mais tempo em conhecê-lo de forma mais perseverante. Não há como nos relacionarmos com o Senhor e não ansiarmos por mais. A frieza se dá pela ausência desse relacionamento, que traz conformismo com o mundo e até com as obras da carne.

À medida que o tempo ia passando, o anseio por mais de Deus me dominava, por isso, eu sempre estava fazendo propósitos de dias, e depois, de semanas. Por mais que eu quisesse oscilar, estacionar, ou ter uma vida normal, aquele amor já estava em mim e assim me apeguei por completo ao tempo que passava no quarto, onde eu ficava longas horas do dia conversando e me rendendo a Ele.

Confesso que já vivi muitos momentos bons em minha vida, estive em lugares desejáveis, mas me lembro das vezes em que eu disse ao Senhor, enquanto estava nesses lugares ou nesses momentos muito bons, que nada e nenhum lugar se comparavam ao nosso tempo juntos.

E quando estávamos trancados a sós, eu dizia: "Senhor, quem estiver do outro lado da porta jamais vai imaginar como eu sou feliz aqui no Seu aconchego; quem está do outro lado da porta jamais vai imaginar que esse é o lugar mais feliz da minha vida, onde sou mais completa". Essa é a maior riqueza que alguém possui. Não é sobre ter um ministério, ou dons, é sobre estar com o Senhor.

Apesar de sempre fazer propósitos, aprendi a viver de uma forma leve e prazerosa um dia de cada vez, me entregando intensamente, não por algo que poderia receber, nem tampouco pelo quanto poderia ser usada, mas por amar estar com Ele.

Assim, se alguém me perguntasse quais teriam sido as melhores horas da minha vida, responderia, sem a menor dúvida, que foram as que passei na igreja em oração e as que passei no quarto me deleitando Nele. E se alguém me perguntasse sobre os meus melhores investimentos, a resposta seria a minha entrega no secreto com o Senhor. E, mesmo que não houvesse interesse pelo que a presença do Senhor poderia me proporcionar, esse relacionamento refletia diretamente no meu interesse em fazer a obra Dele.

Quando estou a sós com Ele, confesso que procuro dentro de mim o amor pelas almas que as pessoas dizem que se evidencia na minha vida. Mas eu digo que isso não vem de mim. Pergunto-me como posso ser tão tocada nas minhas emoções quando estou evangelizando, como posso ouvir pessoas me gritando desesperadas enquanto durmo, como posso me interessar tanto por pessoas que nem sequer conheço ou tenho um vínculo. Quando olho para mim, não encontro esse amor, mas quando olho para dentro de mim, eu vejo o Cristo. É Ele que me move para alcançar e salvar vidas.

Ouvi pessoas dizendo que, com o passar dos anos, o desejo por buscar o Senhor diminuiria, que essa chama se apagaria. Por isso, pedi tanto a Ele que não tirasse isso de mim, clamei muito para que a minha intenção e motivação nunca deixassem de ser exclusivamente Ele e a Sua essência. Apesar dos meus contextos mudarem, e a falta de tempo se agravar, Deus sempre me dava uma estratégia, demonstrando o quanto Ele era o maior interessado.

Mesmo na realidade atual, onde os cristãos se envolvem em muitas ocupações, eu clamei por estratégias para me adequar ao que era mais importante na minha vida. Em alguns momentos, tive que fazer sacrifícios e me esforçar um pouco mais, afinal, havia muitas responsabilidades no trabalho secular, ao qual eu deveria me dedicar, além da faculdade de teologia, os trabalhos de evangelismos e também algumas ministrações em igrejas.

Quando me recordo das minhas rotinas, entendo os motivos pelos quais abracei estratégias tão metódicas, pois, se não houvesse uma administração do tempo, como eu poderia priorizar o meu relacionamento com o Senhor? Quando deixei um trabalho na igreja do qual eu participei na intercessão e, ao mesmo tempo em que me desvencilhei do meu trabalho secular, decidi que deveria me dedicar mais às orações, pois entendia que com os níveis de responsabilidades que eu tinha na obra do Senhor, jamais poderia me enfraquecer na fé.

Por isso, os meus anos se resumiam em propósitos mensais que se davam em orar por duas, três, quatro, cinco, seis e até sete horas, sendo a maior parte feita na igreja, nos horários em que não havia culto. Um tempo de muitas experiências sobrenaturais, todavia, o Senhor ministrava continuamente ao meu coração o quanto a oração deveria ser primazia e nada no meu ministério ou na minha vida poderia ser mais importante do que ela.

Com toda a sinceridade do meu coração, enquanto eu deixava todas as coisas que me ocupavam, eu pensava: "Nem acredito que agora terei todo o tempo para fazer meu planejamento e dedicar-me mais intensamente ao Senhor". Isso tomava a minha mente, eu mal podia esperar, ficava tão ansiosa para viver meus momentos com Deus. Quando percebi, estava me dedicando nove horas diariamente e, no final de um mês, quando estava encerrando o propósito, comecei a dizer ao Senhor: "Deus, dá-me uma nova estratégia porque os meus dias sem isso não fazem sentido".

Sempre costumava terminar os propósitos cantando uns trinta hinos da harpa, louvando, agradecendo e reconhecendo que era Ele que me fazia amá-lo tanto e amar viver assim. Eu estava convencida de que Ele operava o querer e o efetuar, pois, sem Ele eu nada poderia fazer. Sem Ele, não há hipótese alguma de fazermos qualquer coisa.

Quando eu terminava de louvar com os hinos que Ele mesmo sempre me dava, uma nova estratégia surgia. Quando não conseguia orar todas as horas em um dia, devido às responsabilidades com os contínuos evangelismos e ministrações em cruzadas ou igrejas, orava a mais no outro dia. Essa é a vida de quem anseia pelo Senhor, mesmo na correria do dia a dia. Fazemos isso porque sabemos que, no Senhor, encontramos a motivação necessária para nos dedicarmos a vida que Ele tem para nós.

Assim, desfrutamos da Sua presença e testemunhamos diante de todos a mensagem da cruz e da ressurreição, que traz novidade de vida, que nos leva a obedecê-lo por amor, a renunciar, a servi-lo, a se entregar totalmente sem reservas, a crer Nele até que não haja temores e nem aflições, mesmo em dias de dores. A expressão que vem na alma é apenas gratidão, porque nos sentimos satisfeitos e enriquecidos na presença Dele.

Não há como você estar diante de uma pessoa que tem um profundo relacionamento com o Senhor e não notar o exalar do Senhor nela, assim como é impossível alguém conservar esse relacionamento por tantos anos e não ter amor por fazer a Sua obra, com o propósito exclusivo de salvar vidas da condenação eterna.

Também não é possível para alguém que ora, ser alguém de ânimo dobre, ou até apresentar um caráter não semelhante ao de Cristo. Quem se relaciona tem um caráter que luta contra a mentira e o engano, por menor que seja, e que combate o pecado, pois esse relacionamento mantém a luz do Senhor acesa, o que evidencia que os olhos Dele estão sobre nós continuamente, sem intervalos.

Isso aciona em nós a sujeição e o sentimento de fidelidade ao Senhor, uma vez que carregamos a verdade que nos faz ficar atentos, pois os Seus olhos estão sobre nós, avaliando até a nossa intenção. O temor do Senhor se manifesta de forma incrível e passamos a carregar o anseio de não entristecer o Espírito Santo de Deus em nenhum detalhe da nossa vida.

Se fizermos algo errado, a percepção e o arrependimento são imediatos; nunca usamos justificavas para nossas falhas, porque o nosso parâmetro é sempre a presença Dele. Deixamos de ser influenciáveis por pressões, pessoas ou situações, porque nada é mais forte e mais poderoso para nós do que essa riqueza.

Preferimos chorar, ser decepcionados ou desprezados momentaneamente, na certeza que seremos aceitos e abraçados por Ele. Isso é simplesmente suficiente, abrimos mão de tudo, exatamente tudo, para nos conservar nessa plenitude e, mais do que isso, sempre estamos nos preparando para entrar em um novo nível Nele.

Essa entrega despertará o aumento gradativo por mais busca, pois Deus está sempre desejoso de se manifestar mais. Não podemos nos contentar nunca, ou bater no peito e dizer: "Eu já oro muito", pois ainda desfrutamos pouco Dele.

Somente a presença Dele é capaz de nos tirar o prazer por tudo que nos distrai. Conhecendo-o mais intimamente, passaremos a vida pensando em como agradá-lo, em como fazer melhor a vontade Dele, em como estar bem com Ele, em como fazer mais a Sua obra e alcançar o máximo de pessoas.

Em nós brotará um anseio para que mais vidas o conheçam, com o entendimento de que essa riqueza não vem de nós, assim, não atrairemos pessoas a nós mesmos, mas as conduziremos diretamente ao próprio Deus, porque é exclusivamente

Dele que vem tudo o que precisamos, e Ele quer entregar a cada um individualmente.

Sendo assim, por mais que recebamos muito em ministrações maravilhosas de servos de Deus, há uma porção exclusiva que o próprio Deus anseia por compartilhar conosco no secreto. Não podemos passar por esta Terra sem viver isso de maneira nenhuma, não podemos abrir mão de ter nossos olhos espirituais abertos, de desfrutar de um caráter cada dia mais moldado em Cristo, de buscar continuamente pela santidade em Deus, de sermos totalmente envolvidos pelo amor Dele diariamente e de nos alimentar de tudo que Ele pode nos proporcionar.

A imensa porção Dele é diária e necessitamos de tempo para digerir, saborear, refletir, se derramar, sentir o cuidado Dele e se apoderar desse cuidado. Não deixemos nada para depois ou para outro dia!

Além da porta e seus efeitos

É muito natural que as pessoas esqueçam o quanto o Senhor as ama, o quanto Ele nunca as esquece e nunca as priva de Seu cuidado. Mas, a manifestação do sentimento de abandono pelo Criador se dá porque não gastamos tempo nos alimentando Dele sem pressa, firmando na nossa memória cada verdade revelada a nós.

Estamos acostumados a irmos ao culto com horário prévio de acabar, por uma ou duas vezes por semana, e consideramos suficiente. Ao sairmos do culto, não nos separamos com o Senhor para perguntar a Ele mais profundamente a respeito de uma Palavra que recebemos, nem sequer paramos para expressar gratidão por aquilo que Ele falou.

Assim, no decorrer da semana, aquele alimento que foi digerido apressadamente vai se esvaindo e desaparecendo, porque talvez o trabalho secular ou qualquer outro bem ou prática transitória, requer mais dedicação do que o próprio Reino de Deus, que é eterno. Então, o dia mau virá e não nos lembraremos mais da Palavra que recebemos no culto. Nessa situação, é comum não sentirmos o amor de Deus sobre nós, e a tendência é acharmos que o Senhor nos deixou. Mas isso não ocorrerá se a relação for nutrida diariamente.

Ao abstermos desse relacionamento, somos tendenciosos a não acreditar plenamente na Palavra de Deus, e isso se manifesta em um dos pontos mais críticos e delicados da nossa vida – a área da renúncia. Verbalmente podemos declarar que cremos Nele, na Sua Palavra e em tudo o que Ele projetou para nós, porém, quando Deus nos propõe a nos abster de coisas que amamos, não o fazemos.

Externamente há uma continuidade de declarações a respeito das verdades de Deus, mas sem frutos; como bem sabemos, a fé não é, nem nunca será, uma teoria. A fé concreta manifesta frutos, é poderosa e notória em seus efeitos. Devemos ficar atentos às nossas intenções e propósitos.

> *Porque, se nós nos julgássemos a nós mesmos, não seríamos julgados.*
>
> *1 Coríntios 11.31*

Com o passar do tempo, somos inseridos em diversas realidades, onde temos que cuidar para que os ambientes ou as pessoas não nos afastem dos propósitos centrais do Senhor. Agradar a Deus deve ser o nosso foco. Tudo o que tentar sutilmente contaminar essa intenção – seja crescimento próprio e individual, autopromoção, desenvoltura de ministério em prol de revelar às pessoas ou ao meio o quanto somos usados, autodefesa e afins – deve ser combatido.

O tempo dedicado a Deus nos dará um sensor automático das nossas intenções somadas à transformação do caráter que o Senhor gera em nós, bem como, a percepção contínua de que os olhos do Senhor captam tudo, muito antes de nós captarmos. Isso nos tornará mais vigilantes e atentos.

Resistência também é um efeito concreto do relacionamento com Deus, que refletirá em momentos em que somos tentados a pecar ou a negar o Senhor de alguma forma. Essa resistência nos dará estrutura para quando enfrentarmos atitudes ou situações que nos ferem, ou que tentam nos afetar.

Até o emocional torna-se demasiadamente equilibrado, visto que somos levados a viver continuamente o sobrenatural. A paz fluirá em nós e de nós em qualquer circunstância e nos guardará nesse lugar de habitação, independente do que acontece no ambiente externo. O que não ocorrerá se não houver uma entrega diária, pois, essa condição é decorrente do abundante derramar do rio de Deus sobre nós e do convívio na intimidade com o Senhor.

É incrível como o Senhor nos faz amar mais a Sua Palavra quando nos aproximamos e passamos a andar com Ele continuamente. Um anseio mais intenso por esse alimento é gerado por Ele mesmo e, mais que isso, quando mergulhamos Nele, há uma sensibilidade e uma percepção sobrenatural para os mínimos detalhes da forma que o Senhor se revela e para a mensagem que Ele nos traz.

Assim, perdemos o prazer por distrações, ou por riquezas terrenas, pois, tal anseio arde continuamente e nos faz querer saciá-lo, conhecendo mais o Senhor e nos alimentando mais da Sua presença. Passamos a temer perante Sua palavra poderosamente transformadora e buscamos obedecê-la, além de sentirmos imediatamente o quanto ela nos torna mais fervorosos e mais sedentos pelo nosso Deus. É uma fonte inesgotável impressionante.

Não basta decidirmos viver o relacionamento com o Senhor, precisamos perseverar. Conforme compartilhei anteriormente, mesmo com muita sede da presença de Deus, eu tinha dificuldade em reagir e me apresentar diante do Senhor continuamente, especialmente nas primeiras vezes em que o fiz.

Se eu fosse esperar a minha vontade de me dirigir até Ele, certamente até hoje não teria sequer começado. Por isso, não podemos ser dominados pelas nossas próprias vontades, mas devemos reagir a todas as oposições, tomando atitudes para vencermos os impedimentos, certos de que é no relacionamento com o Senhor que seremos devidamente nutridos, de forma a nos fortalecer de glória em glória.

Estou convicta de que existem pessoas que, desde sua entrega a Jesus, têm dedicado horas dos seus dias a esse relacionamento. Creio que, mesmo onde a falta de tempo é o nosso pretexto, não apenas para essa situação, como também para outras que demonstramos ter pouco interesse, há também pessoas que recebem diversos tipos de estratégias do Senhor e que conseguem dedicar-se à busca. Mesmo depois de anos servindo a Ele, existem pessoas que são cada vez mais fervorosas.

Sabemos que o nosso Deus é multiforme em Seu trabalhar e não podemos jamais ignorar as riquezas das personalidades e perfis humanos. Reconhecemos, acima de tudo, que o Senhor fez cada um de nós individualmente com características específicas para usar-nos conforme o Seu propósito e para que o nome Dele seja glorificado.

Aproveito o momento para dizer que vida de oração não é um chamado específico e nem é um ministério, pois, é por intermédio da prática da oração que nos relacionamos com o Senhor e que Ele se relaciona conosco. A oração é acessível a todos que se dispõem a viver esse sobrenatural.

Uma abordagem que preferi não aplicar durante a minha caminhada com o Senhor, foi enxergar a oração como uma obrigação, porque soava impositivo e trazia um peso para mim. O que eu sempre busquei foi me apaixonar por esse relacionamento e fazê-lo ser o lado mais leve da minha vida.

É assim que me sinto quando estou a sós com o meu Senhor. É o momento mais suave, mais triunfante, em que meu rendimento é maior em todas as áreas, em que me sinto completa em todos os aspectos e totalmente saciada.

Situações que furtam nosso tempo

Todo cuidado é pouco para não sermos furtados no tempo de dedicação ao Senhor, ainda que de forma sutil. Nos dias atuais, a fala "não tenho tempo" se tornou uma força de expressão, de modo que, a utilizamos para substituir toda e qualquer tentativa de justificar a ausência no cumprimento de uma determinada incumbência.

Significando, na verdade, que o que está sendo justificado não foi, ou não é prioridade. Por exemplo, "não tive tempo de orar" significa que não foi sua prioridade no mínimo momentaneamente. Sendo assim, mesmo que você julgue que tal explicação seja suficiente para justificar a sua falta de relacionamento com Deus, será um imenso equívoco, pois implicará apenas que esse possível compromisso não está inserido na sua lista de prioridades.

Outro fator que deve ser avaliado é o quesito desânimo, que significa literalmente falta ou ausência de ânimo ou de força. Não permita que isso roube a sua comunhão diária com o Senhor, considerando que não existe pré-requisito exigido para apresentarmo-nos diante Dele. Você não precisa buscá-lo apenas quando está fervoroso, pois, é nessa comunhão que alcançaremos o vigor que necessitamos. O desânimo é, na verdade, um motivo pelo qual você deverá buscá-lo mais intensamente.

E, por fim, existe uma condição em que a pessoa sabe da necessidade de buscar a face do Senhor, anseia por isso e, ainda assim, não consegue reagir. É claro que sabemos que há um peso espiritual que tenta nos impedir, mas acredite, o Senhor nos deu poder para vencermos obstáculos, mesmo debaixo do peso da inércia. Você pode e deve reagir a essa apatia espiritual!

Não há na Terra nada que possa impedir-nos de estreitar a nossa comunhão com o Senhor, porque Ele já venceu tudo por nós. Foi Ele quem abriu o caminho, pois Ele é o próprio caminho, sendo assim, somos convocados a andar Nele, de fé em fé e de glória em glória, nos apoderando da identidade de mais do que vencedores e carregando a certeza de que somos conduzidos Nele em perseverança, abundância e fervor.

Como está escrito:

Quem nos separará do amor de Cristo? Será tribulação, ou angústia, ou perseguição, ou fome, ou nudez, ou pe-

rigo, ou espada? Como está escrito: Por amor de ti, somos entregues à morte o dia todo, fomos considerados como ovelhas para o matadouro. Em todas estas coisas, porém, somos mais que vencedores, por meio daquele que nos amou. Porque eu estou bem certo de que nem a morte, nem a vida, nem os anjos, nem os principados, nem as coisas do presente, nem do porvir, nem os poderes, nem a altura, nem a profundidade, nem qualquer outra criatura poderá separar-nos do amor de Deus, que está em Cristo Jesus, nosso Senhor.

Romanos 8.35-39

O Senhor é, de eternidade em eternidade, essa fonte inesgotável e que está sempre disposto a fazer transbordar sobre nós a profundidade da sabedoria, do conhecimento e da Sua abundante graça, à medida que o buscarmos e perseverarmos na busca por sermos cada vez mais íntimos Dele, nutrindo a liberalidade do Seu revelar a nós. Ao nos rendermos nessa entrega contínua, desfrutaremos completamente do manifestar da Sua presença, que certamente nos trará novidade de vida.

BEYOND THE DOOR

a lovely secret dwelling place

WANUZIA MARCKS

Beyond the door, a lovely secret dwelling place
1st edition: 2020
Wanuzia Marcks

Edition and Final Revision: Grace Lagares
Editorial Coordination: Nilce Sousa
Cover: Jonatas Santos
Layout and Graphic Design: Marcus V. P. de A. Goes
English Edition: Bianca Alves

Published in Brazil by: Cevi Produções
CNPJ 07.856.521/0001-94
Caldas Novas, Goiàs, Brasil
ceviproducoes@gmail.com
Instagram: @editoracevi

V235a Vanderley, Wanuzia Marcks Marinho
     Além da porta, amor ao secreto = Beyond the door, a lovely secret dwelling place / Wanuzia Marcks; edição e revisão final: Grace Lagares, coordenação editorial: Nilce Sousa; tradução para o inglês: Bianca E. Menezes Alves. – 1. ed. – Caldas Novas-GO : CEVI, 2020.
     90 p. ; 21 cm

     Inclui bibliografia
     ISBN: 978-65-5642-018-9

     1. Desenvolvimento humano e espiritual. 2. Relacionamento com Deus.
     3. Amor. 4. Oração. 5. Vida cristã. I. Sousa, Nilce.
     II. Título: Beyond the door : a lovely secret dwelling place.

CDU: 248

Catalogação na publicação por: Onélia Silva Guimarães CRB-14/071

Author's Contacts:
Facebook: Miss Wanuzia Marcks
YouTube: Wanuzia Marcks
Instagram: @wanuziamarcks
E-mail: mkwanuzia@gmail.com

The Creator is always surrounding man from all sides, drawing his attention and wishing to communicate with him. Unfortunately, not everyone responds to this call. Some, because they think it is necessary to have a specific profile to stand before Him; others, because they do not feel worthy to put themselves in His presence.

In this book, you will understand that accepting the invitation that comes from God Himself does not require "arm strength" but it will make you overcome all human needs, and will generate abundant and indescribable fruits resulting from the relationship with Him, because "beyond the door" is a dimension in the spirit, a place in God that covers all the natural things that surround us, in order to reveal to us the sufficiency of the supernatural.

About the Author

Wanuzia Marcks Marinho Vanderley was born in the city of Wanderlandia – Tocantins, Brazil. She graduated in Theology and is the creator of the Project GIMM – World Missions Intercession Group. As a minister of the Gospel, she has dedicated her life to proclaiming the Kingdom of God's message wherever God allows her to go.

"The certainties and convictions that feed our spirit flow directly from the Lord's presence."

Wanuzia Marcks

Acknowledgments

All my most profound gratitude goes exclusively to my Beloved Lord and Savior, Jesus Christ, through whom I became the daughter of God the Father.

"For from him and through him and to him are all things. To him be the glory forever! Amen."

Romans 11.36

Summary

Beyond the door, a lovely secret dwelling place

Introduction

Many already know this biblical passage: *"Enoch walked with God; then he was no more, because God took him away." (Genesis 5.24).* It is common to be amazed by this brief report that provokes an interest in us to know more deeply about how this happened.

What a rich journey Enoch traveled here on Earth and how many treasures were hidden from us for a purpose that we do not yet know. Indeed, the details of that day by day would be inspiring and, who knows, they would give us strength and motivation to, like him, create new conducts that would lead us to the pleasure of walking daily in intimacy with God.

Perhaps, Enoch did not find a reference point in his time that could motivate him to have this level of relationship with the Creator. Who knows, his intense and profound friendship took place after contemplating the greatness of the Lord, which may have made him progress gradually in the levels of that relationship, described by the Word as walking with God, which certainly made him put this desire above all another relationship.

In short, the love of the Lord constrains us and leads to love Him. This love, by which we are reached, envelops us and moves us with unparalleled peace and indescribable joy.

We do not miss anything, regardless of the context in which we are inserted, but we are completely healed and filled. This love transcends our depths deeply and comprehensively until it becomes evident in us before all men.

The abundant and powerful love of God, when it overflows in us, also intensifies our thirsty for more of His presence, because in this relationship, we experience such a deep level of intimacy that has nothing to be compared with.

Particularly, after reading about so many people who reflected, in their generation, the true testimony of the Lord, through powerful messages they preached, as well as by the fruits manifested in their own lives, I found myself unable to be used by the Lord or to have a deep level of relationship with Him.

However, I realized that there is, and always has been, a deep yearning in me, not only to carry His message, but to experience this inexplicable love and, above all, to be taken to the Secret Dwelling Place – the best of all places, which I long with all parts of me.

My search for fullness in the secrecy with God has been continuous and intense, which I consider to be an answer to the call He has given me. I also believe that the Lord is the most interested in this secrecy, this time, this place, being our surrender what will lead us to the reaches of the Kingdom.

He has so much to share with us and, by revealing Himself, He makes us understand how sufficient is His presence, which transposes and extinguishes all other human needs, any, however high, in addition to generating abundant and indescribable fruits resulting from this incredible relationship with Him.

The yearning heart of God

The Lord Jesus is always surrounding the man everywhere, drawing his attention and wishing to communicate with him. Unfortunately, not everyone answers this call, some for thinking that there is a needing for strength or a profile that fulfills a specific parameter to be before Him or even for not feeling worthy to be in His presence. For this reason, they prefer to ignore this honorable invitation coming from God.

Others even seek strength, but they don't persevere and give up their paths. In doing that, they deprive themselves of living hidden riches and in contrast, they chose possible "intermediaries" and stay in a significant distance from this particular place with the Lord, to the point of becoming extremely vulnerable, so they are affected directly and continuously by different circumstances and the storms from life. In some cases, they are emotionally trapped and settle for a life that was not designed by God for them.

A project that God reveals in secret, and makes apt to it the one that isolates with him. But, when the thirst for knowing God invades the life of a person, he will be taken by an intense desire to seek God. The Lord, in His turn, becomes available to reveal Himself to the thirsty one. This longing grows as we feel how ready He was to manifest Himself to us and surround us in His forgiveness, His glory, and in the vastness of His grace.

God knows that, even when we wrongly wander around (even though most of the times, without the knowledge of the state of our spirit), we seek many things, we plan goals, crave for dreams to become a reality, climbing higher steps, having visions of future projects that are humanly full of triumph, and other things like it, what we really need is Him. To have a relationship with Him will bring up the resources of eternity that are overshadowed by earthly targets that, sometimes, enchant our eyes and hearts.

> *However, as it is written: no eye has seen, no ear has heard, no mind has conceived what God has prepared for those who love Him. But God has revealed it to us by his Spirit. The spirit searches all things, even the deep things of God. For who among men knows the thoughts of a man except the Spirit of God. We have not received the spirit*

of the world but the Spirit who is from God, that we may understand what God has freely given us.

I Corinthians 2.9-12

To be close to God will make the inexhaustible source that flows from Him over us, like water streams that never dry and never stop running. The Father of Eternity will remind us constantly that there's always something more, and it's still something new that, obviously, you haven't tried or experienced yet. When you receive this information in your spirit, you will long to always be there, in an expectation of receiving more from God and, consequently, this will be first in your life.

The God that reveals himself longs to bring to our understanding, undoubtedly, that everything is in Him. As we understand that, we will supernaturally enjoy the unfathomable eternal riches, day after day, from news to news, from grace to grace as it is written:

Oh, depth of the riches of the wisdom and knowledge of God! How unsearchable his judgments, and his paths beyond tracing out! Who has known the mind of the Lord? Or who has been his counselor? Who has ever given to God, that God should repay him? For from him and through him and to him are all things. To him be the glory forever! Amen.

Romans 11.33-36

And also,

> *The mystery that has been kept hidden for ages and generations, but is now disclosed to the saints. To them God has chosen to make known among the Gentiles the glorious riches of this mystery, which is Christ in you, the hope of glory.*

> *Colossians 1.26-27*

Inevitably, there will be inside us some sudden changes of behavior, and that will happen naturally; having in mind that we will start forgiving more, loving with intensity the Word of God, discerning profound revelations of His Love and Forgiveness, aligning our lives according to the Scriptures, between other things, we will freely adopt positions that please God in the areas of our being.

When our days get enriched by the "alone" with God, He will take us to His supernatural dimension, to make us see like Him, feel like He feels, act as He acts. The Lord longs for enlarging our spiritual vision until we know the depth of the eternal riches that He made us inherit but, sometimes, we exchange it for transitional things that have no value towards Him.

He wants, in the secrecy, to teach us to guide ourselves through the path to reach the abundance of His promises. He desires to settle us in His Word, so our resignations become lighter, and obedience becomes a greater joy. As we cling to the habit of giving priority to God, our lives will reflect Him, and the people around us will be affected by what we carry in our essence.

A fruitful relationship

The Bible tells us about the fruit of the Holy Spirit that manifests in the lives of those who live and walk according to Christ's character.

> *But the fruit of the Spirit is love, joy, peace, patience, kindness, goodness, gentleness, and self-control.*
>
> *Galatians 5.22-23*

To live and walk in the Spirit implies the act of persevering, which means that only the relationship with God will help us to keep our identity in Christ, as the Word itself reveals to us:

> *Yet to all who received him, to those who believed in his name, he gave the right to become the children of God; children born not of natural descent, nor*

of human decision or a husband's will, but born of God.

John 1.12-13

Now you are the body of Christ, and each one of you is a part of it.

I Corinthians 12.27

But you are a chosen people, a royal priesthood, a holy nation, a people belonging to God, that you may declare the praises of him who called you out of darkness into his wonderful light. Once you were not a people, but now you are the people of God; once you had not received mercy, but now you have received mercy.

I Peter 2.9-10

There is a spiritual battle that tries to prevent us, at all costs, of having this relationship with the Spirit of God. For this reason, we can't ignore it under any circumstance.

Dear friends, I urge you, as aliens and strangers in the world, to abstain from sinful desires, which war against your soul.

I Peter 2.11

The Word tells us about this battle and stands out that the sinful nature desires what is contrary to the Spirit, and the Spirit what is contrary to the sinful nature:

> *So I say, live by the Spirit, and you will not gratify the desires of the sinful nature. For the sinful nature desires what is contrary to the Spirit and the Spirit what is contrary to the sinful nature. They are in conflict with each other, so that you do not do what you want.*
>
> *Galatians 5.16-17*

In other words, we are instructed to live in Spirit not to accomplish the desires of the body. Therefore, the Lord would operate in us the work of salvation, as it is written:

> *We were therefore buried with him through baptism into death in order that, just as Christ was raised from the dead through the glory of the Father, we too may live a new life. If we have been united with him like this in his death, we will certainly also be united with him in his resurrection. For we know that our old self was crucified with him so that the body of sin might be done away with, that we should no longer be slaves to sin.*
>
> *Romans 6.4-6*

> *And he died for all, that those who live should no longer live for themselves but for him who died for them and was raised again.*

> *II Corinthians 5.15*

> *Therefore, if anyone is in Christ, he is a new creation; the old has gone, the new has come!*

> *II Corinthians 5.17*

The Lord desires not only that we fulfill his will, but that we persevere on it. And indeed, we will be successful as long as we intensely reserve ourselves to Him, as it is inevitable and impossible to choose this level of surrender and not be conducted to the center of His purpose, where our character will be continually molded so we can act accordingly to what the Holy Spirit longs to move and qualify.

This situation will provide our resistance; in other words, we won't fall to the body's desire. That strength that we couldn't find before to dedicate ourselves to this pursuit will be born in us by God himself through this relationship, in a way that even with limitations, we will be endowed with the vigor that we need.

God will share with us not only the answers or words but a life in the supernatural, where we will know how to behave righteously before the Salvation that He made us inherit. We will break off in the bad days; we will be fervent and overflow love, joy, peace, independently of the circumstances.

> *Never be lacking in zeal, but keep your spiritual fervor, serving the Lord. Be joyful in hope, patient in affliction, and faithful in prayer.*
>
> *Romans 12.11-12*

All we need to win against the world, the sin, and our enemy is in the Lord and will come over us when we get intimately involved with the Holy Spirit of God. This way, we will never have motives to either give up the Lord's promises or to abandon our faith.

> *For everyone born of God overcomes the world. This is the victory that has overcome the world, even our faith.*
>
> *I John 5.4*

> *What, then, shall we say in response to this? If God is for us, who can be against us?*
>
> *Romans 8.31*

To win the spiritual battle that tries to prevent us from knowing the Lord is required from us some attitudes that oppose our own will, our limitations, and our lack of strength. In other words, we need to react independently of our feelings and emotions, and have attitudes of faith, seeking to drink from the Source of Water of Life, to quench our thirsty, and access the attributes that will shape us to the stature of Christ.

26
> *Until we all reach unity in the faith and in the knowledge of the Son of God and become mature, attaining to the whole measure of the fullness of Christ. Then we will no longer be infants, tossed back and forth by the waves, and blown here and there by every wind of teaching and by the cunning and craftiness of men in their deceitful scheming. Instead, speaking the truth in love, we will in all things grow up into him who is the Head, that is, Christ.*
>
> *Ephesians 4.13-15*

The perception of the need for praying

For a long time, I was called by the Lord to know Him intimately. However, I couldn't understand nor correspond to this call. I had no idea of the privilege of serving Jesus. Sometimes, that occurs to us; the Lord calls us but, because of the worries of the world, the lust of the body, and the pride of the life, we can't see how great and reliable this invitation is.

> *But the worries of this life, the deceitfulness of the wealth and the desires for other things come in and choke the word, making it unfruitful.*
>
> *Mark 4.19*

Commonly, we can't even discern that He is inviting us. In my case, I could perceive that God was waiting for me since a little before I confessed

Him as my Lord and Savior, as I was always busy, with my vision blurry, suppressed hearing, and blackened understanding.

> *And even if our gospel is veiled, it is veiled to those who are perishing. The god of this age has blinded the minds of unbelievers so that they cannot see the light of the gospel of the glory of Christ, who is the image of God.*

> *II Corinthians 4.3-4*

We have to have the perception that the Lord's calling to us is not based on our goodness or good acts, but it is, firstly, reasoned in the great love of God. However, it is worth mentioning that besides having this perception, we also need to detect in us the necessity of keeping this relationship with the Lord. Once, God's purpose for our lives doesn't end in salvation but includes knowing Him and making Him known.

With this clarity, we should promptly introduce ourselves to the Lord in continuous prayer, waiting for His manifestation to us, even in times where there are many people accommodated and full of arguments to justify the spiritual coldness and inertia in their praying lives.

> *Because of the increase of wickedness, the love of most will grow cold.*

> *Mathew 24.12*

In the details of this biblical truth, we understand that the coldness inside people's core is reflected because of the absence of a relationship with God. However, even in a context like this, the Holy Spirit of God keeps calling us to live in an intense communion in secret with Him and keeps sending signs that it is possible, even in times of asleep and spiritual comfort.

I perceived in the beginning that there were uncountable difficulties in myself, to keep obeying His word – and the closest way to tell it is saying that I had the impression of being running away from myself, from my wills, from bad thoughts and even from my plans that, in a certain way, were trying to keep me away from God's purpose, and also, from having a communion more profound with Him.

I even had a sensation of discomfort on the first day of my decision for Christ. I would think of everything I would have to stop doing and, what was inside my heart was that I would be part of a religion, like having to go to services in temples, where the people who attended there had imposed many rules which I would have to adapt myself in.

Yet, it was evident that my spiritual eyes were open; now, I had full consciousness of the state of my spirit with and without Jesus. Nobody had explained to me the way I started seeing, however deep was the message I had heard. But now I had come across this actual reality that, before, was like unreal for me. I was convinced of my need for Jesus to save me, and, for this reason, I had given my life to Him.

In the first days following my decision, I understood that I had to fight with all my strength, never to go away from Jesus. I felt redeemed, forgiven, and grateful for doing nothing to receive this grace.

> *I revealed myself to those who did not ask for me; I was found by those who did not seek me. To a nation that did not call on my name, I said, 'Here am I, here am I'.*
>
> *Isaiah 65.1*

> *For the Son of Man came to seek and to save what was lost.*
>
> *Luke 19.10*

Noticeably, I was familiarizing myself with something new that was supernatural. That made me full of wonder; it made me sure that that was the most significant purpose of God for my life. It was like I knew there was more to be revealed because all that happening lighted a fire that, at the same time would burn in love and power, and would make me desire for what was beyond.

Even at the feet of Jesus, I started to experience an intense spiritual battle, where my body demonstrated dissatisfaction because I wouldn't do its will anymore. There was a kind of continuous purpose in my mind that had the goal of making me fall back in my choice and discredit all those promises from the Lord, which strengthened me and promoted the renewal of my hope in Christ.

To win this and other fights that presented themselves before me day after day, opposing my new birth, I decided to resist myself against all situations, thoughts, and words, that perhaps tries to make me go back to my previous spiritual state. I longed to please the Lord and understand how I would live His will, regardless of the context in which I was inserted.

That's when I discovered in the Holy Bible that there was a hiding place whose dwelling in him would make me break through obstacles, overcome attacks, achieve miracles already achieved by Jesus Christ in my favor, trusting that the impossible becomes totally possible in the Lord, walking in the supernatural, having an emotional balance in the midst of pressure and, above all, knowing and continuing to know the Lord, loving Him deeply.

I started my search for a closer relationship with the Lord, and, with it, a continuous and burning desire came to me to enjoy everything I would come to know and have access to. I didn't know how difficult it would be to achieve what I was aiming for, and one thing was for sure, I would only begin to experience it personally from practice; there was no point in all the theory I could know about prayer, about relating to God, without putting it into practice.

> *You will seek me and find me when you seek me with all your heart.*
>
> *Jeremiah 29.13*

> *Look to the Lord and his strength;*
> *seek his face always.*

I Chronicles 16:11

> *This is what the Lord says to the*
> *house of Israel: Seek me and live.*

> *Amos 5.4*

Knowing the Word and not obeying it does not and will never produce any fruit. So I needed to respond to that need and that truth. I knew that the key to experiencing a supernatural and intimate relationship with God was through an unceasing and tireless search since He makes himself accessible and reveals himself to those who seek Him.

Seeking the love for the secrecy

Even in my early years of serving the Lord, an interest was stirred in me to carefully observe some small groups of people who talked about their experiences in the prayer life and the fruits obtained by adopting this standard of living.

I wanted to learn more about it because I knew that this was a reality far from what I lived. I was looking for people who were in my time, in my context, facing the same battles, but totally determined to persevere in a life of complete surrender to the Lord.

Another determining factor, which aroused my interest, were the records that I read in some books on revival, with narratives about the prayer life of great men of God, where the pleasure and joy in living like this transpired. Among these reports, I highlight:

"After carefully reading the biographies of some of the greatest figures in the Church of Christ, we conclude that the success of any of them can never be attributed solely to their own talents and willpower, certainly a biographer who does not believe in the value of prayer, nor he knows the power of the Holy Spirit at work in the hearts, I would not mention prayer as the true mystery of the greatness of the heroes of the faith."

(Presentation of the book Heroes of the Faith, by Orlando Boyer)

"He spent whole nights in prayer and received revelations when ecstatic or through visions. His books on humility, prayer, love, and other topics continue to have a great influence on men. They destroyed the body of this forerunner of the Great Reformation, but they could not erase the truths that God, through him, recorded in the hearts of people."

(About Girolamo Savonarola, in the book Heroes of the Faith, by Orlando Boyer)

"He would say that if he didn't spend two hours in the morning praying, he would be afraid that Satan would have the victory over him during the day. A biographer of him once wrote: the

time he spends in prayer produces the time for everything he does."

(About Martin Luther, in the book Heroes of the Faith, by Orlando Boyer)

"He would divide the day into three parts: eight hours alone with God and in studies, eight hours for sleeping and eating meals, and eight hours for work among the people. On his knees, he would read and pray about the reading of the Scriptures, receiving light, life, and power."

(About George Whitefield, in the book Heroes of the Faith, by Orlando Boyer)

"Plan your business, if possible, to spend two to three hours every day, not only in the worship of God but praying in secret."

(About Adoniram Judson, in the book Heroes of the Faith, by Orlando Boyer)

Reading these testimonies made me curious because, for me, praying for fifteen minutes was a terrible sacrifice and a boring monologue. I needed to unlock this secret that was so surreal compared to my reality. What I knew about the relationship with God was resumed into kneeling before Him, selecting some subjects, especially those of my needs, and when the shortlist ended, it made no sense to be there anymore.

A desire burned inside me to feel the pure pleasure of being alone with the Lord, and when I heard people saying that they talked with God all day, wherever they were, I realized that I already lived it. I even noticed that it was the very Spirit of God who would start this internal dialogue in my mind, and I would just respond to it.

Yes, this is a richness of our fellowship with the Lord, and it is lovely to be in tune with Him at all times. However, my thirsty was for the secrecy, for what was intense, for a relationship so exclusive that I wouldn't even mind being just in silence with Him. I was convinced that His presence would exude full sufficiency, something so profound that it would provide certainty of what I was not seeing, but that was as real as the things that were before me.

My quest was to access such wealth that would make me renounce whatever was necessary, without any doubt in my being. I longed to know and live intensely the immense and supernatural love of the Lord that makes us leave our own personal everything to live His everything. I always wanted to choose what was eternal and not just a superficial and momentary charm that touched my emotions.

I wished more than anything that this would enter me and be part of me, so that I would not waste any more time on the things of the Earth, which come in fantasies of momentary joy, riches, and glories, but that the end is death. How I longed for this incessant relationship to produce the fruit of God Himself, whose effects are: the perseverance in His presence and the endless abundance of it.

Faced with what I watched and read about people who had reached this spiritual level, questions would come to my mind about the stage I was in. Why was I not like those revivalists so full of the power of God and who carried the essence of the Gospel until their last breath, in the certainty that they would come face to face with Jesus?

What should I do, in a practical way, to achieve this level of relationship? What would be the map that would indicate the path to be taken to walk side by side with the Lord, enjoying the fullness of His Presence? And finally, how could I cultivate a prayer life where I could pray for pleasure and love, without thinking about religious obligation?

The first thing I discovered was that I already had what it takes to experience this whole relationship. I was thirsty, and the thirst was like the key I needed to open the door to access intimacy with the Lord. However, we know that a key does not open any door unless it is inserted in the lock. Besides, it requires a specific turning movement to be made so that the lock is released, and the door opens, giving access to the interior of the place.

That is why some people, even though they are so thirsty, do not experience the supernatural of God. They attend Church, but do not personally relate to Him in a continuous life of prayer and surrender, and use excuses, such as time availability. But if He is everything to us, we should prioritize Him in our daily organizational schedules, with the certainty that He has the best for His children, both from heaven and from Earth.

Some use the pretext of lack of strength, and in the meantime, God waits to fill us with the strength we need. And undoubtedly, by presenting ourselves before Him, we will be sufficiently strengthened in His presence. There are even those who say that Jesus has already done everything for us, and we do not need to spend so much time in prayer demanding something that He has already given us through His sacrifice on the Cross of Calvary. But prayer is not a severe form of payment or bargaining with God!

The result of these arguments are spiritually cold people, who carry personal characteristics of their old nature, that should already be molded to the nature of Christ. But when they are not, end up surfacing under the circumstances, which weaken them in many spiritual battles, and can make them retreat or be affected emotionally, making them self-centered and full of self-pity.

We cannot ignore the cases of extremely thirsty people, but by not reacting in seeking access to this level of intimacy with God, they cannot leave the worldly life, even though they are so thirsty because their surrender is momentary and not continuous. As a result, there are countless frustrations, as they try to serve God and resist the influences of the world with their strength, which is humanly impossible.

Only in the Lord is the strength and power we need:

> *Submit yourselves, then to God. Resist the devil, and he will flee from you.*
>
> *James 4.7*

> *The weapons we fight with are not the weapons of the world. On the contrary, they have divine power to demolish strongholds.*
>
> *II Corinthians 10.4*

It is in this battle between the flesh and the spirit that Christ grants us victory. However, if we live by faith, some attitudes will have to come from us. For example, you cannot say that Jesus is your Lord if you do not obey nor do His will.

> *For when we were controlled by the sinful nature, the sinful passions aroused by the law were at work in our bodies, so that we bore fruit for death. But now, by dying to what once bound*

us, we have been released from the law so that we serve in the new way of the Spirit, and not in the old way of the written code.

Romans 7.5-6

The evidence of the lordship of God over someone is the subjection of that person to the Lord, obeying His proper ordinances:

Don't you know that when you offer yourselves to someone to obey him as slaves, you are slaves to the one whom you obey; whether you are slaves to sin, which leads to death, or to obedience, which leads to righteousness? But thanks be to God that, though you used to be slaves to sin, you wholeheartedly obeyed the form of teaching to which you were entrusted. You have been set free from sin and have become slaves to righteousness. I put this in human terms because you are weak in your natural selves. Just as you used to offer the parts of your body in slavery to impurity and to ever-increasing wickedness, so now offer them in slavery to righteousness leading to holiness.

Romans 6.16-19

That is, you cannot say that Jesus saved you if you continue to practice the works of someone who is spiritually dead since salvation implies works of a new life in Christ. What is reprehensible before He is under eternal condemnation and cannot be part of the lives of those who genuinely practice faith in Christ.

> *The mind of sinful man is death, but the mind controlled by the Spirit is life and peace.*
>
> *Romans 8.6*

However, our search for Him will strengthen us and help us to persevere on the journey.

> *Therefore, there is now no condemnation for those who are in Christ Jesus, because through Christ Jesus the law of the Spirit of life set me free from the law of sin and death. For what the law was powerless to do in that in was weakened by the sinful nature, God did by sending his own Son in the likeness of sinful man to be a sin offering. And so he condemned sin in sinful man, in order that the righteous requirements of the law might be fully met in us, who do not live according to the sinful nature but according to the Spirit.*
>
> *Romans 8.1-4*

Although discouragement and lack of strength, among other influences of human nature, are opposed to itself, we cannot give in to them, because the will of the flesh, as it works against the spirit, offers us endless distractions to prevent us from entering the presence of the Lord in a more intimate level.

> *Those controlled by the sinful nature cannot please God.*
>
> *Romans 8.8*

We must go far beyond resisting the wills of the flesh; we must oppose them. Even though they try to dominate us, we believe and take possession of our victory by faith because Christ has won for us, and we will react contrary to what the old man tries to lead us. But we will need to respond.

Remember when we talked about the key to open the door? So, the effort is what will make the key turn. It is necessary to break all obstacles to be alone with the Lord. It is essential to overcome all the barriers that are concentrated between wanting and doing. However, indeed, we will only win when we react practically.

I began to understand that it was not enough for me to aim, plan, or even wait for God Himself to come into my context and show me the supernatural. Because I still had no structure to live it since it is when we relate to Him that we acquire the necessary foundation. In other words, it is close to the Lord that we will become able to live and enjoy the supernatural.

> *I will give you the treasures of the darkness, riches stored in secret places, so that you may know that I am the Lord, the God of Israel, who summons you by name.*

> *Isaiah 45.3*

Although thirst is an important characteristic, the Word points to a personal willingness to meet Him.

> *On the last and greatest day of the Feast, Jesus stood and said in a loud voice, "If anyone is thirsty, let him come to me and drink."*

> *John 7.37*

After this attitude, the thirsty must drink. That indicates to ingest and enjoy this deliberate source of the Lord until he is completely satiated. During my path, I realized that what people shared with me about their personal experiences were no longer satisfying. Now, I wanted to hear from God Himself to be guided by Him in my decisions. I wanted to love Him more so that this love would become the foundation of all my actions.

I wanted to pray for love, go to worship for love, evangelize for love, and do good things for love. I was tired of relating to the Lord in such a big way and, sometimes, fighting my desiring of not praying. But it is worth mentioning that it is imperative to fight against discouragement. Even if the beginning of your prayer is not so pleasant, don't give up! Several times I felt that, at the end of my moment of conversation with the Lord, I was carrying a feeling of strength, of a new covering, of a new spiritual shield.

I felt as I had a suit of armor around me. So, I was taken by convictions and a faith that was not in me before. It became the foundation for me to dedicate myself more to my intimate and exclusive relationship with the Lord, as I was convinced that what time with God provided me was abundantly more potent for me than any answer coming from prayer.

I realized, over the time that I was surrendering and getting more and more involved with the Lord, that a transition was taking place within me. Before, my prayers consisted only of many petitions. Afterward, I was able to stay in His presence, just listening to him talking to me about beautiful things, which led me to adore Him continuously.

I also noticed that when I did not pray, my day became incomplete, and I felt that a part of me was missing. It was more than missing someone; it was something that affected me deeply. Imagine the anguish of someone who is very thirsty and has no water to drink; It was this kind of sensation I was feeling. Living those moments became my life, my air, my refuge, the best of my day.

And that was how I discovered that praying was more than an obligation; it was a deep relationship, a walk with God that strengthened me and increased my love for Him. The more I knew Him, the more I wanted to know Him. The more I lived with Him, the more I longed for this relationship.

It was in His presence that I began to believe in the impossible and to see His promises near me. All this made me resign without being afraid to repent, just for wanting Him with me, and in me, every day. I became a more persevering, courageous, and confident person exclusively in what He had generated in me during the time we were in secret.

Evidence of true surrender

It is common to desire what the relationship with God provides us and ignore His most significant interest – the relationship itself, being that the wealth, the greatest reward, the key to access everything else that will come as a consequence.

It is contradictory to say that we love the Lord but have no pleasure in relating continually attentively and exclusively with Him. It is not that the Lord requires proof from us, but it is at least evident that someone who claims to love the other might want to relate, to be alone, to dedicate exclusive attention, to feel, to look, to sigh, to know, to laugh and perhaps even to cry with that person.

Love brings evidence that proves its existence, which is, the relationship between people who love each other is radically different from that between people who only know each other. A clear example of this is that people who, even though they know details of each other's lives, do not renounce anything in favor of this relationship. But, those who love will indeed abandon postures that do not please the other to maintain and strengthen their union.

The one who knows God, who goes to services, listens to the ministry of the Word, learns theoretically about Him, but the relationship comes down to that. The course of his days will likely be dedicated exclusively to professional life, leisure, as well as diverse routines that revolve around human needs, relationships, and projects, merely earthly. And, in some of these moments, different situations can occur that are opposed to the will of God, but that is invisible to those who nurture this type of relationship.

This reality differs radically from the one of who is willing to know God in the most profound aspect of the expression and which is determined to renounce, even though he judges himself without the strength to do so. This person, when relating, starts to see how God moves intimately and in favor of preserving the relationship, which makes him more and more involved by the manifestation of the Lord's presence and makes him yearn to live it more intensely.

Now, if we love the Lord, we also love to be alone with Him without worrying about time. We spend hours, which pass so quickly in His presence, and when we get away from this dwelling place a little, we miss it. It is as a part of us is missing, as this is a time when we talk about things that only God and we understand.

He knows us genuinely, and we don't even need to explain ourselves at all. How wonderful it is to talk to someone who does not require justification or arguments! How good it is to feel His gaze on us, His precious and peculiar care that brings peace and certainty that everything will be fine. There is no problem if He is silent; we can learn from that too. In some moments, listening to Him, we will have a better perception of His voice, and we will also learn to speak with Him.

His presence constrains us and leads us to a posture consistent with His holiness. In the meantime, we are taken and transformed by His unique move. There is no way to live the Kingdom in theory, where words, decisions, and plans are not affected by the practice of this relationship that Jesus makes possible. He has already freed us from the sin that separated us from the Father. We must behave like heirs to all the He has given us.

In this journey, we can count on the help of the Holy Spirit whenever we do not feel like praying, or whenever we postpone going to the secret because He will always convince us about our need to seek the face of the Lord. He is responsible for generating our love and desire for everything that is before us.

The path between difficulty and the rejoice in the prayer

Mainly, I can say that I traveled a thorny path between the difficulty of praying and the moment when I realized how much I could no longer live without a prayer life, after all, I had found more than answers, I had achieved what could quench my thirst.

With Him, I talked about my most intimate secrets, things about me that I didn't even understand myself. In the middle of our dialogue, He made me realize who I was. It was more potent than any therapy because it generated peace, healed emotional wounds, brought back self-confidence, and increased my faith.

Since I was a child, until my early teens, when I left my parents' home to study in another city, I faced extreme spiritual battles. I was terribly afraid, scared, and sometimes I didn't like to sleep; at that time, I had some dreams with messages without much explanation – signs appearing in the sky as if it were the rapture. But I didn't know anything about it since I went into the church thinking about the time the meeting was going to end, and I had no idea what they were talking about during the sermons.

When I left my parents' house, I dreamed twice more about a significant movement in the sky, and I understood that I should be ready for something. I also felt that I needed to go and get my family in the city where they were to be together for what was to come. Despite these unforgettable dreams, I ignored them for a long time.

What I do know is that the Lord was already calling me to relate to Him, and the right thing to do was to respond to His call, but I did not do it. In my view, there was a lot to be left behind. I even went to church, but I was sure it was not what I wanted for my life. Some years passed, and many things happened, but I lived my youth as I thought was right for me.

I had many experiences, I suffered a lot when I left my family's house early, but I understood that it was for a greater good and, in a way we were connected by the cultural principles generated in me at home. I move from city to city, until, finally, I moved to Brasilia, Distrito Federal, where I converted to the Gospel of Jesus Christ.

A year before my conversion, the Lord once again compellingly called me, leaving no doubt that it was Himself. Even though I hadn't heard any preaching or had gone to church in those days, I felt I had to go to Him, but I didn't know how to do it. I was so bewildered that I even tried to sign up for some social works, because, in my understanding, good works could be enough.

When I gave myself to Jesus in 2002, I had no idea where my life was going. Honestly, I didn't think it would have a significant impact on my way of living, because, despite having attended some churches before, it never crossed my mind what it was like to truly serve Jesus and have Him as Lord of my life.

Although I raised my hand that day (I don't remember if it was the right or the left hand, and worse than that, I don't even remember the word that was given at that moment), the only thing I clearly remember was the feeling I had in any religious event – the sense of mission accomplished at the end. Because the culture of my house was to go to a liturgical ceremony on Sundays and that was all. I grew up with the understanding that that ritual of entering a religious event and participating in it until the end would protect me in some way as if it was some kind of amulet or something.

I did not know the testimony of any person of my age who, as a young person, had renounced the things I was lived and could be like a reference for me. I was ignorant of God's power and of whom He was, such a supreme, loving, faithful, and holy being.

Not even in my best dreams would I have imagined that such a God could want an intimate relationship with me. It was too surreal, too glorious. It took me a considerable time to understand that He intended to be my close friend, a Father who longed to have the daughter's exclusive attention so that she would know and enjoy the dimension of His love.

I remember my first purpose of fasting and praying at a birthday party a few days before I received the baptism in the Holy Spirit. That day, I talked to some brothers in the church where I had given myself to Jesus, about what I was living with God. Suddenly I saw that a circle of people formed to hear what I was sharing and, in the end, we started a purpose, with moments of prayer during the day, and fasting from midnight until late afternoon.

We called each other during that week-long purpose. The experience was new and wonderful for me, it certainly strengthened me a lot at that time, but it was a small practical start. I started to identify the touch of God in me during the vigils I began to attend. I had supernatural experiences that were a glimpse of what I would experience in the future.

In my baptism in the Holy Spirit, my body felt the supernatural; I was able to physically experience the touch of God on my head and my hands. That voice that called me to that meeting now echoed strongly within me. I was sure it was what I wanted for my life.

After that, my relationship with the church narrowed, because as a group, I felt more motivated to pray. It was in the temple that I met and learned about prayer with my brothers. In that period, we started a moment of searching every day, for an hour-long. Sometimes, I was late because I would go there straight from work, so I couldn't pray all the time, but we persevered for four years for that purpose.

I don't remember for sure when we started, but I believe it was a little longer than a year after I had given myself to Jesus. I felt that I gradually increased my desire for more time seeking the face of the Lord, that there was a need in me for something more profound.

On the other hand, at home and in my daily life, I prayed for short periods, which made me uncomfortable. For a short time, I lived what they called normal Christian life. The people around me thought I was thirsty, that I was different, but I was wholly convinced that I lived in superficiality, and, in my heart, I knew there was more to me.

Perhaps, we are used to evaluating the sufficiency of manifesting the presence of God in someone's life, based on a kind of competition, which is, we compare our spirituality with that of the people we live with, when, in fact, we have the right thermometer that is God Himself.

As a newly converted person, I faced many obstacles tried to distance myself from the Lord; it was complicated to overcome the temptations of my flesh because they were before me all the time. And how many times, because I couldn't resist, I wanted to give up, because I felt unable to break the old habits at this time in my life.

At church, it was convenient and easy to serve, but battles came in my daily life, sometimes in my mind, other times in the environment I frequented. I thought several times that I was just too excited and that sooner or later, I would go back to the old ways. The search for an intimate relationship with God, despite all the limitations, was decisive in my life. The Lord made me understand that, even though for the context in which I was inserted, it was enough for many, in my case, there was a lot more to me to experience.

The non-conformity with my search situation generated in me strategies, and of course, resignation and separation. I ceased to live much of the momentary satisfaction with the youth of my age to seek eternal pleasure in my relationship with my beloved Lord. I embraced the feeling of being against the grain and swallowed some criticism because of my posture of resignation and surrender somewhat radical. But God assured me that there was something much more significant on this path of surrender, and made me sure that soon I would be immensely spiritually fulfilled because of those decisions.

Even on the days when I prayed for an hour-long in the church where I assembled, I became methodical and started to observe my limits and levels of dedication to God. I concluded that I should break these limits, create practical routines, and attainable goals daily, and apply them one day at a time.

I was sure that after I started to present myself privately to the Lord, He would give me the strength I needed to persevere in this continuous search in His presence. I trusted that I did so; I started by dedicating thirty minutes of my time regularly for a set period until I adjusted, and then I would launch myself a new challenge. I saw myself as a child slowly learning to walk.

It is essential to say that being methodical was crucial to be able to manage my surrender time alone with the Lord. I confess that this tool helped a lot to discipline myself and raise my sense of responsibility so that everything was at the right level of priority. For a long time, I made use of a list, so as not to forget any target of prayer that I had proposed to dedicate myself to.

The thirty minutes, for thirty days, helped me to overcome the will of my flesh and made the purpose lighter and more pleasurable. How strong is in my memory how I planned so eagerly to live something more in-depth with the Lord, it was as if

I had mapped out the path that I should take to get closer to Him.

Gradually, I increased the time, praying for an hour a day at home. It was intense for me to realize how much I was able to get involved for longer. I started to know myself better and to feel even happier. Soon afterward, I increased the time for two hours of prayer a day for a few months, and, finally, I started to do four hours of prayer.

I did not imagine that I would be dependent on living like this and how much it would increase my love for the Lord. I wanted to give up things that kept me away from intimacy with God. Resigning was a consequence of what that relationship was generating.

The time with the Lord was doing me so wonderfully well that I longed for more. I believe that thirst was generating even more desire and the certainty that there was more to be revealed, to be experienced. I will never forget the days when, for about three months that I was out of work, I dedicated all that time to fasting and prayer. I lived alone and would wake up early just to pray. I prayed on my knees from seven in the morning until seven at night, from Monday to Friday. On Saturdays and Sundays, I preached in churches and did evangelism.

That stage that I experienced in surrender was absolutely supernatural and too decisive for my life. Struggles? They were immense! But nothing took away my intimate communion with the

Lord. His presence was not always manifested while I was in prayer, but even so, I knew that He was receiving my prayer and worship. I was inspired to speak words of worship; I was directed to intercede for other people and, between one outcry and the next, the Lord gave me many answers for the fierce struggles I faced.

God revealed to me everything that was happening. If I were slandered, He would show me who was behind it, but above all, He taught me that I should love and forgive. For disappointments, the Lord generated a new heart in me, and I was unaffected. For temptations, He gave me resistance, and I could clearly see when He acted and the way He acted.

That secrecy in my room with the Lord already left me amazed, and no earthly expression can describe this supernatural. I felt that I had gained structure to withstand trials, since that before, inferior situations had already disrupted me. But since then, I have been able to effectively witness that the time I spent devoting myself to the Lord was making a change with my whole being and, above all, strengthening my covenant with God.

Reaching new levels in the Spirit

I could no longer live without my purpose because inside it, I always lived something new. I realized that these moments were automatically inserted in my routines, and, from then on, I started going to church on regular holidays, or when there was no service, to be praying all day, until the next day.

Despite de secular work, I managed to have a day to pray for long hours, preferably without a clock nearby. I would choose one day a week to spend the night at the church and stay there until the afternoon of the next day or until it was dark again. I usually did this alone, but sometimes in the company of one, two, or three people.

I remember that on holidays, my heart would beat faster because it was the opportunity I had to have the temple exclusively for me because most people would go to spiritual retreats. I would stay there for four days in a row. I would eat a meal at midnight and then fast and pray non-stop.

Sometimes, the need to sleep and physical tiredness were stronger, but even between naps at dawn, I wouldn't want to miss that chance under any circumstances; it was the best event I could ever have! As I remember, I feel the flame of that love so strong in my heart that the relationship in secrecy has generated in me, and still keeps generating until now.

Even with the changes in my routine due to work, God always gave me some strategy, and I never accepted to live without it anymore. One of the things He led me to do for several years was to use the Christmas holiday (I usually had four days off). When I would leave work in my last day that preceded the holiday, I would go to the market to buy some things to prepare my meals for between my fast that I would do daily, and then, I would be locked up at home just seeking the Lord's face for four days.

This period was different because, in addition to praying, I would dedicate myself to reading the Bible, some books and also praising some Hymns of the harp, which was different from the other times when I was in secrecy because I liked to spend almost all my time in worship, cry, supplications, silence, moans, speaking softly, speaking loudly, praying in tongues, on my knees, standing, sitting, lying down, face down — in short, living the best and most significant experiences of my life with Him, the Holy Spirit of God, who had called me so much to this continuous-time of evidence of His supernatural in my life.

Far be it from me to think that I had already reached a high level in spirituality; however, what I do know is that I entered through that door that was before me and took action to start walking the path of prayer and worship. I realized that after entering it, the door has closed, and every day I feel that there is no turning back. I looked at my life and realized that nothing makes more sense than being alone with the Lord, being ministered by Him daily, and in a new way of life.

What we must do is be in the place of intimacy, go to Him, give up other things because our priority is Him, regardless of our daily motivation, the influences we receive, whether we are good or bad, whether we will listen to Him or if we will be able to speak, but we simply go because we are not guided by what we feel in the moment.

Eternity does not always move in evidence before our eyes, but above all, we live by faith. And it is only in this place of intimacy that we will reach the deepest levels of love and care from our Lord. I remember very well a time when I was alone with Him, and, because of some events, I felt fear caused by pressure, words against my will, and closed doors. I feared giving up something that He had placed in my heart. I felt a mixture of pain and disappointment, rivers of tears welled up in my eyes.

I cried for looking everywhere and see people giving up. It made me feel alone. For two days in a row, I felt deeply the spiritual battles, where my soul was very distressed. But then the Lord came, and my whole body trembled with His touch. A powerful presence took over that small room where I was, and from that moment, I understood that nothing could stop me. What happened there, spiritually speaking, was absolutely higher than what I felt and saw.

God was giving me courage, boldness, and the conviction that I needed. So, even with the obstacles continuing to rise, nothing affected my certainty. Circumstances manifest themselves to intimidate us and make us retreat, but this is resolved in the secrecy with God when He manifests. His presence completes all areas of our lives that are in deficit and overflows what we already have from Him.

He presents Himself, then the fear that invades your heart disappears, and you will be filled with courage. If it is your emotional body that is shaken, His presence is strong and it flows to you, in a way that there is no need to make a narrative, because He does not spend time detecting pain, He just flows, healing and restoring our afflicted and tired heart.

The answer comes to us, even if it is not a complete report that responds individually to each of our questions. But the presence of the Holy Spirit solves all doubts, sometimes without even speaking a single word. And we realize that wounds, loneliness, psychological pressures, unwillingness to live, discouragement, feeling of giving up, curses and situations similar to these, are dissipated before His manifestation.

Enter through that secrecy door with the wonderful and sweet Holy Spirit of God, yes, that door will be the exit from this world of pressure, of giving up, of accusations, of illusions, at the same time that it will be the entrance to a Kingdom, where the King is always available to receive us intimately. We don't need to schedule, we don't need to pay, we don't need to be in a hurry to leave.

This King fills you with honors and shares with you His glory. When you enter, you begin to have your spiritual eyes open and begin to visualize all the heavenly riches. Then He will convince you that these riches are yours, too, because the precious blood of Jesus makes us able to enjoy them.

It is excellent, and it can only be visualized with the spiritual eyes open. When you discover the dimension and the extent of these riches, you will realize that the treasures of the Earth are nothing compared to the treasures of eternity.

The prayer that is made for love

The moment when we realize that we are involved in this relationship totally out of love is when every day our hearts signal how much we need to meet Him in the secrecy, as well as when we feel that the day is incomplete, even if there is a lot of good news and even if we are presented with great surprises.

It is in the secrecy that we feel satisfaction, and even without speaking, it is as if something within us would say: "I couldn't wait to be here, I want to enjoy every second of this moment." There, we are fully aware that this will be the most productive moment of the day. We feel sure that we will receive something new, never experienced before, and I am not talking about momentary experiences, but something eternal, which is inserted in us and cannot be taken from us.

In this profound and unreserved surrender, we are taken by a feeling of full protection. We enter the deepest hiding place of the Highest and in the shadow of the Almighty, the place where our emotions are guarded and protected from despair, anxiety, profound and distressing pains in the soul, fear, resentment, lack of forgiveness, afflictions, disappointments, loneliness, and accusations.

And in addition to this protection, our spiritual eyes are opened, and we begin to visualize God's designs for us. We come to understand that they are linked to eternity, whose effects and consequences go from generation to generation. That is why He takes our projects from us because they are merely temporal and circumstantial.

It is in the light of the presence of this Holy God that we most clearly notice our faults, our sins, and we recognize them with tears in true repentance. This way, our soul is filled with the immense joy of being completely forgiven.

It is the most perfect delight, where questions have answers, where the Lord manifests His glory to His servant, where He reveals His secrets to His friend, where we can fully and absolutely trust everything that is spoken and generated in the relationship because none of the Earth's truth approaches the Absolute Truth that He is, says and does. We cannot ignore the glory that He manifests over us nor the spiritual covering, which is so perceptible, even if the human eye does not see it.

Indeed, this manifestation of the Lord creates in us a bond, a dependence, and deep love, from which we never want to separate ourselves again, and we yearn to nourish and live it continuously. No grand proposal here on Earth can convince us to give up that surrender time. Nowhere else or in any other person will we be able to live a love so strong and so deep that it produces abundant fruits of repentance.

This bond is supreme, irreplaceable, and strong because it is generated in eternity; it comes from the Lord to us and makes us into people who overflow the true essence of God in the smallest details, from thoughts, speech, character, to the way of living completely. It will inevitably exhale to the people around us; they will begin to perceive this immense love, even if, in some cases, they do not know it concretely.

That is nothing more than a brief summary of when it becomes apparent that we are relating to the Lord because we are involved by His love and in His love.

The protection and strength that comes from God

It is so strong when we allow ourselves to become more deeply involved with the Lord, even when we initially encounter the obstacles of lack of strength, spiritual coldness, and concrete evidence of the manifestation of the works of the flesh opposing the will of God, in an attempt to distract us or even to make us lose interest in that relationship and, at some point, conform to a stagnant life without enjoying that love.

There are infinite situations between the Lord and us, trying to distance us from Him. There will always be pretexts, justifications, and other circumstances that will try to chill down our calling. We must break with temporary illusions before we become distant, to the point of getting used to this reality until we lose interest in Him.

On the other hand, the Lord presents himself before us continually, inviting us to let go of daily occupations, or of everything that holds us, to turn completely to Him, to live and walk in the supernatural, as this will make us have a love for the prayer life. From then on, there will be no more uncertainties capable of preventing us from meeting Him; on the contrary, everything will be the work of God Himself in us.

However, there is a need for resignations, attitudes of surrender, until the countless and indescribable rewards flow, namely, the incredible wealth of walking with God and being led by Him in decision-making. By obeying His Word, we will receive the wisdom that will open our understanding to discern situations better, as well as generate the determination to please Him, greater awareness of spiritual battles and strength to win them.

A fundamental observation is that, what we dedicate to God in difficult times, will revert to the strength that we will need upfront, to seek more. That means, as we seek God, we create spiritual reserves that will strengthen us to continue persevering in our search and continuous dedication to the Lord. It is like the law of sowing, we plant now, and then we will reap in coming days, as it is written:

> *Those who sow in tears will reap with songs of joy. He who goes out weeping, carrying seed to sow, will return with songs of joy, carrying sheaves with him.*
>
> *Psalm 126.5-6*

The Lord, in addition to providing me with incredible moments in His presence, producing the manifest of practical fruits in my life, helping me win the battles of everyday life, adding in me the love for Him in abundance, as well as the dependence of being in His presence, He gave me (apparently methodical) strategies that provided me with more than discipline to live the relationship continuously, but it generated in me an immeasurable love for Him and for this secrecy.

The practice of these strategies made the small flame that burned in me become an unstoppable burning of the fire of God, which has been burning more and more. I am dissatisfied with my life of surrender because I understand that He has infinitely more and that I cannot stop searching, I must surrender and be alone with the Lord.

The beginning of everything was a small flame, whose definition is thirst, which produced a reaction in me that moved me to God, where then, I was moved by His love and in His love, which made me want to be more involved with Him and to consider short all the time I spent with Him.

Noticeably, as the days went by, what I had prayed before became a foundation that leveraged me to pray with more intensity and vehemence and, of course, taking more time to get to know Him with more perseverance. There is no way to relate to the Lord and not look forward to more. Coldness is due to the absence of this relationship, which brings conformity with the world and even with the works of the flesh.

As time passed, the yearning for more of God dominated me, so I was always making purposes for days and then weeks. As much as I wanted to oscillate, stagnate, or have a normal life, that love was already in me. So I got wholly attached to the time I spent in the room, where I spent long hours of the day talking and surrendering to Him.

I confess that I have lived good times in my life, I have been in desirable places, but I remember the times when I told the Lord, while I was in those places or in this excellent times, that nothing and nowhere compared to our time together.

And when we were locked in alone, I would say: "Lord, whoever is on the other side of the door will never imagine how happy I am here in your warmth; whoever is on the other side of the door will never imagine that this is the happiest place in my life, where I am most complete." That is the highest wealth anyone could have. It is not about having a ministry or gifts; it is about being with the Lord.

Despite always making purposes, I learned to live in a light and pleasant way, one day at a time, giving myself intensely, not for something I could receive, nor for how much I could be serving, but for loving being with Him.

So, if someone asked me what the best hours of my life had been, I would answer, without any doubt, that it was those that I spent in the room delighting in Him. And if someone asked me about my investments, the answer would be my surrender in secrecy with the Lord. And even though there was no interest in what the Lord's presence could provide me, that relationship reflected my interest in doing His work directly.

When I am alone with Him, I confess that I seek within me the love for souls that people say is evident in my life. But I suppose it doesn't come from me. I wonder how I can be so touched in my emotions when I am evangelizing, how I can hear people screaming in despair while I sleep, how I can be so interested in people I don't even know or have a connection with. When I look at myself, I don't find that love, but when I look inside myself, I see Christ. It is He who moves me to reach and save lives.

I heard people saying that, over the years, the desire to seek the Lord would diminish, that this flame would be extinguished. That is why I asked Him so much no to take that away from me; I cried out so that my intention and motivation would never stop being exclusively Him and His essence. Despite my changing contexts, and the lack of time getting worse, God always gave me a strategy, showing how much He was the most interested.

Even in today's reality, where Christians are involved in many occupations, I called for strategies to adapt to what was most important in my life. In some moments, I had to make sacrifices and try a little harder. After all, there were many responsibilities in my secular work, to which I should dedicate myself, besides my course in Theology in college, the work of evangelism, and also some ministries in churches.

When I remember my routines, I understand the reasons why I embraced such methodical strategies, because if there was no time management, how could I prioritize my relationship with the Lord? When I left a volunteer work in the church in which I participated in prayer and intercession, and at the same time, I resigned my secular work, I decided that I should dedicate myself more to prayers because I understood that with the levels of responsibilities that I had in the work of the Lord, I could never weaken in faith.

That is why my years were summed up on monthly purposes that were to pray for two, three, four, five, six, and seven hours of prayer, most of which were done in the church at times when there was no service. A time of many supernatural experiences, however, the Lord continually ministered to my heart how much the prayer should be primacy, nothing in my ministry or my life could be more important than it.

With all the sincerity of my heart, while I left all the things that occupied me, I thought: "I can't believe that now I will have the time to do my planning and dedicate myself more intensely to the Lord." It took over my mind; I couldn't wait; I was so eager to live my moments with God. When

I realized, I was dedicating myself nine hours daily and, at the end of a month, when I was finishing my purpose, I started saying to the Lord: "God, give me a new strategy because my days without it won't make sense anymore."

I always used to end my purposes by singing about thirty hymns of the harp, praising, thanking, and acknowledging that it was He who made me love Him so much and love to live like this. I was convinced that He operated the will and effect because, without Him, I could do nothing. Without Him, there is no chance that we will do anything.

When I finished praising with the hymns that He always gave me, a new strategy emerged. When I was unable to pray for every hour in one day, due to my responsibilities with ongoing evangelism and ministry in crusades or churches, I would pray longer the next day. That is the life of those who yearn for the Lord, even in the rush of everyday life. We do this because we know that in the Lord, we find the necessary motivation to dedicate ourselves to the life He has for us.

This way, we enjoy His presence and witness before everyone the message of the cross and the resurrection, which brings newness of life, which lead us to obey Him out of love, to renounce, to serve Him, to surrender totally without reservation, to believe in Him until there are no fears or afflictions, even in days of pain. The expression that comes in the soul is just gratitude because we feel satisfied and enriched in His presence.

There is a way for you to be in front of a person who has a deep relationship with the Lord and not notice the exhalation of the Lord in Him, just as it is impossible for someone to keep this relationship for so many years and not have a love for doing His work, with the purpose of saving lives from eternal damnation.

It is also not possible for someone who prays, to be someone of a double mind, or even to present a character not similar to that of Christ. Whoever has a relationship has a character that fights against lies and deception, no matter how small, and that fights sin, because this relationship keeps the Lord's light on, which shows that His eyes are on us continuously, without interruption.

That triggers in us the subjection and the feeling of fidelity to the Lord since we carry the truth that makes us aware that His eyes are on us, evaluating even our intention. The fear of the Lord incredibly manifests itself and we begin to carry a longing of not saddening the Holy Spirit of God in any detail of our life.

If we do something wrong, perception and regret are immediate; we never use justifications for our failures, because our parameter is always His presence. We are no longer influenced by pressures, people, or situations, because nothing is stronger and more powerful for us than this wealth.

We prefer to cry, be disappointed or scorned momentarily, in the certainty that we will be accepted and embraced by Him. That is simply enough;

we give up everything, exactly everything, to keep ourselves in this fullness, and, more than that, we are always preparing to enter on a new level in Him.

This surrender will awaken the gradual increase in more willingness for praying, for God is always willing to manifest more. We can never be content, or beat ourselves in the chest and say: "I already pray a lot" because we still enjoy Him only a little.

Only His presence can take away the pleasure of everything that distracts us. Knowing Him more intimately, we will spend our lives thinking about how to please Him, how to do His will better, how to be well with Him, how to do more of His work, and reach the maximum number of people.

An urge will arise in us for more people to know Him, with the understanding that this wealth does not come from us, so we will not attract people to ourselves, but we will lead them directly to God Himself, because it is exclusively from Him that everything we need comes, and He wants to give to each one individually.

So, however much we receive in wonderful ministries from God's servants, there is an exclusive portion that God Himself longs to share with us in the secrecy. We cannot pass through this Earth without living it in any way; we cannot give up having our spiritual eyes open, enjoying a character that is more and more shaped in Christ, continually seek for holiness in God, being totally involved in loving Him daily and to feed ourselves all that He can provide us.

The large portion of Him is daily, and we need time to digest, taste, reflect, pour out, feel His care, and get hold of that care. Let's not leave anything for later or for another day!

Beyond the door and its effects

It is very natural for people to forget how much the Lord loves them, how much He never ignores and never deprives them of His care. But, the manifestation of the feeling of abandonment by the Creator occurs because we do not spend time feeding on Him without haste, firming in our memory each truth revealed to us.

We are accustomed to going to the service with a prior time to finish, once or twice a week, and we consider it enough. When we leave the service, we don't part with the Lord to ask Him more deeply about the Word we received, we don't even stop to express gratitude for what He said.

Then, over the week, that food that was quickly digested will fade and disappear, because perhaps secular work or any other good or transitory practice requires more dedication that the Kingdom of God, which is eternal. Then, the bad day will come, and we will no longer remember the

Word we received in the service. In this situation, it is common not to feel the love of God on us, and the tendency is to think that the Lord has left us. But that will not happen if the relationship is nurtured daily.

As we abstain from this relationship, we are prone not entirely to believe in the Word of God, and this manifests itself in one of the most critical and delicate points of our lives – the area of renunciation. Verbally we can declare that we believe in Him, in His Word and in all that He designed for us, however, when God proposes to abstain from things we love, we don't do it.

Externally there is a continuity of statements regarding the truths of God, but without fruit; as we well know, faith is not and never will be a theory. Concrete faith manifests fruit, is powerful and notorious in its effects. We must be aware of our intentions and purposes.

> *For if we judge ourselves, we should not be judged.*
>
> *I Corinthians 11.31*

As time goes by, we are inserted in different realities, where we have to make sure that environments or people do not influence us to move away from the Lord's central purposes. Pleasing God should be our focus. Anything that subtly tries to contaminate that intention – be it individual growth, self-promotion, resourcefulness in ministry to reveal top people or the environment how much we are used, self-defense, and anything alike – must be fought.

The time dedicated to God will give us an automatic sensor of our intentions added to the transformation of the character that the Lord generates in us, as well as the continuous perception that the Lord's eyes capture everything before we capture it. That will make us more vigilant and attentive.

Resistance is also a real effect of the relationship with God, which will reflect at times when we are tempted to sin or to deny the Lord in any way. This resistance will give us structure for when we face attitudes or situations that hurt us or try to affect us in some way.

Even the emotions become too balanced since we are led to live the supernatural continuously. Peace will flow in us and from us in all circumstances and will keep us in this place of habitation, regardless of what happens in the external environment. That will not happen if there is no daily surrender, because this condition is due to the abundant pouring of the river of God on us and the intimacy with the Lord.

It is incredible how the Lord makes us love His Word more when we come and walk with Him continually. He generates a more intense yearning for this food, and more than that, when we immerse ourselves in it, there is a supernatural sensitivity and perception to the smallest details of the way that the Lord reveals Himself and to the message that He brings to us.

This way, we lose the pleasure for distractions, or earthly riches, because this longing burns continuously and makes us want to satiate it, knowing the Lord more and feeding us more of His presence. We begin to fear before His powerfully transforming word and seek to obey it, in addition to immediately feeling how much it makes us more fervent and thirsty for our God. It is an impressive inexhaustible source.

It is not enough to decide to live the relationship with the Lord; we need to persevere. As I shared earlier, even though I was very thirsty for God's presence, I had a hard time reacting and presenting myself before the Lord continually, especially in the first few times that I did it.

If I were to wait for my desire to go to Him, I indeed would not have started even today. Therefore, we cannot allow ourselves to be dominated by our wills, but we must react to all oppositions, taking actions to overcome obstacles, confident that it is in the relationship with the Lord that we will be nourished appropriately, to strengthen ourselves from glory to glory.

I am sure there are people who, since their surrender to Jesus, have devoted hours of their lives to this relationship. I believe that even where the lack of time is our pretext, not only for this situation but also for others that we show little interest, there are also people who receive different types of strategies from the Lord and who can dedicate themselves to the search. Even after years of serving Him, some people are more and more intense.

We know that our God is manifold in His work, and we can never ignore the richness of human personalities and profiles. We recognize, above all, that the Lord made each of us individually with specific characteristics to use us according to His purpose, and so that His name may be glorified.

I take the opportunity to say that prayer life is not a specific call and is not a ministry, because it is through the practice of prayer that we relate to the Lord and that He relates to us. Prayer is accessible to everyone willing to live this supernatural.

One approach that I preferred not to apply during my walk with the Lord was to see prayer as an obligation because it sounded imposing and brought weight to me. What I always sought was to fall in love with this relationship and make it the lighter side of my life.

That is how I feel when I am alone with my Lord. It is the softest, most triumphant moment when my performance is most significant in all areas when I feel complete in all aspects and totally satisfied.

Situations that steal our time

All care is little to avoid being taken from our time of dedication to the Lord, even if in a subtle way. Nowadays, the speech "I don't have time" has become a force of expression, so we use it to replace all attempts to justify the absence in the fulfillment of a given task.

Meaning that what is being justified was not or is not a priority. For example, "I didn't have time to pray" means that it was not your priority at the very least momentarily. Therefore, even if you believe that such an explanation is sufficient to justify your lack of relationship with God, it will be a huge mistake, as it will only imply that this possible commitment is not included in your list of priorities.

Another factor that should be evaluated is the question of discouragement, which means a lack of courage or strength. Do not allow this to steal your daily fellowship with the Lord, considering that there is no prerequisite required to present ourselves before Him. You do not need to seek it only when you are fervent, for it is in this communion that we will achieve the strength we need. Discouragement is, in fact, a reason why you should pursue it more intensely.

And finally, there is a condition in which the person knows the need to seek the face of the Lord; he yearns for it and, even so, is unable to react. Of course, we know that there is a spiritual weight that tries to stop us but, believe me, the Lord gave us the power to overcome obstacles, even under the pressure of inertia. You can and must respond to this spiritual apathy!

There is nothing on Earth that can stop us from strengthening our fellowship with the Lord because He is the one who opened the way, for He is the way itself. So we are called upon to walk in Him, from faith to faith and from glory to glory, seizing the identity of more than winners and carrying the certainty that we are led in Him in perseverance, abundance, and enthusiasm.

As it is written:

> *Who shall separate us from the love of Christ? Shall trouble or hardship or persecution or famine or nakedness or danger or sword? As it is written, "For your sake we face death all day long; we are considered as sheep to be slaughtered". No, in all these things we are more than conquerors through him*

who loved us. For I am convinced that neither death nor life, neither angels nor demons, neither the present nor the future, nor any powers, neither height nor depth, nor anything else in all creation, will be able to separate us from the love of God that is in Christ Jesus our Lord.

Romans 8.35-39

The Lord is, from eternity to eternity, that inexhaustible source that is always willing to overflow the depth of wisdom, knowledge and His abundant grace, as we seek and persevere in the search for us to be ever more intimate in Him, nurturing the liberality of His revealing to us. As we give in to this continuous surrender, we will thoroughly enjoy the manifestation of His presence, which will undoubtedly bring us new life.

Beyond the door, a lovely secret dwelling place

www.ingramcontent.com/pod-product-compliance
Lightning Source LLC
LaVergne TN
LVHW020750200726
843506LV00009B/966